blue notes
101

Sylvia Plath ist heute eine anerkannte Autorin von Weltrang und gehört zu den Ikonen der Frauenliteratur. Doch der Ruhm kam posthum: Während ihres viel zu kurzen Lebens war sie weitgehend unbekannt. Zwar sorgte die Veröffentlichung einiger Gedichte für Aufsehen, doch ihr herausragender, autobiografisch inspirierter Roman *Die Glasglocke* erschien unter Pseudonym. Sylvia Plath lebte, wie etliche andere Autorinnen der Weltliteratur, in dem typischen Spannungsfeld, in dem sich weibliche Kreativität so oft bewegt, und rang unter widrigen Umständen zeitlebens um Anerkennung. Selten hatte sie einen ruhigen Rückzugsort zum Schreiben, viele ihrer Werke entstanden am Küchentisch, zwischen Abwasch und Kindergeschrei. Auch die fatale Beziehung zu ihrem Ehemann Ted Hughes, ebenfalls Schriftsteller, mit dem sie eine regelrechte Amour fou verband, trug nicht zur Stabilisierung der von psychischen Krisen gezeichneten Autorin bei. Simone Frieling entwirft ein facettenreiches Porträt der Ausnahmeautorin, mit zahlreichen Zitaten aus Sylvia Plaths Werken.

Simone Frieling, 1957 in Wuppertal geboren, lebt als Malerin und Autorin in Mainz. Sie veröffentlichte Erzählungen, Romane, Essays, literarische Sachbücher und Anthologien. 1998 erhielt sie den Martha-Saalfeld-Literaturpreis. Ihre Ölbilder, Aquarelle, Pastelle und Grafiken wurden in zahlreichen Ausstellungen gezeigt.

Simone Frieling

Sylvia Plath

Jeder sollte zwei Leben haben

Mit Grafiken
von Simone Frieling

ebersbach & simon

Inhalt

Im Gedenken an meinen Vater,
Rudolf Ehlert,
der beides gekannt hat:
die Normalität und die Abweichung von ihr

Kleines Vorwort

Sylvia Plath gilt heute als eine Autorin der Weltliteratur, zu Lebzeiten aber war sie weder bekannt noch anerkannt. Damals musste die amerikanische Schriftstellerin, die 1955 mit einem Auslandsstipendium nach England kam, darum kämpfen, sich durch verschiedene Tätigkeiten ihren Lebensunterhalt zu sichern. Zu ihnen gehörte die Arbeit als Lehrerin, das Rezensieren von Kinderbüchern und das Schreiben von Erzählungen für Frauenzeitschriften. Wie Virginia Woolf zitterte sie vor jeder Absage eines Verlags, bei dem sie sich bewarb. Umgekehrt erfüllte es sie mit großem Stolz, wenn ein Manuskript von ihr angenommen wurde. Ihr einziger Roman *Die Glasglocke*, den sie unter Pseudonym herausbrachte, bekam zwar einige wohlwollende Rezensionen, fand aber erst einmal kein großes Publikum. Auch die Genialität ihrer Gedichte wurde nur von wenigen erfasst; zu ihnen gehörten an erster Stelle ihr Ehemann Ted Hughes und der Literaturkritiker Alfred Alvarez, der einzelne ausgewählte Gedichte im *Observer* abdruckte. Erst nach ihrem Tod wurde ihr Werk entdeckt, und Sylvia Plath avancierte zu einer großen Repräsentantin der Frauenliteratur des späten 20. Jahrhunderts.

Die Hochachtung, die man ihr nun entgegenbrachte, hatte mit ihrer Person zu tun, mit ihrem Leben, das kurz und dramatisch war, und vor allem mit ihren Gedichten und Tagebüchern. Sylvia Plath war begabt, klug und ehrgeizig. Sie kannte alle Facetten ihrer Ausdrucksmöglichkeiten und konnte mit ihnen spielen. Sie war ernst, witzig, sarkastisch, mitfühlend, auch sentimental, aber sie zwang sich immer mehr zu einer Selbstbefragung, die der Wahrhaftigkeit verpflichtet war. Sie wusste ganz genau, wann sie ein rhetorisches Spiel abbrechen musste, um dem Ernst ihrer Sache zu dienen.

Die Amerikanerin, Kind deutscher und österreichischer Einwanderer, hat früh mit dem Schreiben begonnen und ebenso früh wurden ihre Kurzgeschichten und Erzählungen in Zeitschriften veröffentlicht. Von Kindheit an war ihr einziger Wunsch, eine große Schriftstellerin zu werden. Zuerst war das nur ein Traum, von dem sie hoffte, er würde ihr einfach erfüllt: Sie war ein Mädchen, das glaubte, ihre geraffte Schürze werde sich wie von selbst mit Sterntalern füllen. Ebenso träumte sie davon, den früh verstorbenen Vater wieder an ihrer Seite zu haben, unter seinem Schutz zu leben, von seiner Kraft zu zehren. Aber der gute, beschützende Vater kam nicht zu ihr zurück, vielmehr kam ein böser und mit ihm die Angstträume über den Verlust, denen Sylvia Plath in ihrem Schreiben viel Platz eingeräumt hat. Der Traum, beschenkt zu werden, wich ganz früh der Erkenntnis, hart arbeiten zu müssen für jede Anerkennung, für die Liebe, für Freundschaft und für die Kunst, Worte zu finden für das eigene Leben und den eigenen Schmerz. Durch das Wechselspiel von harter Arbeit und Genialität gelang es Sylvia Plath, zu der Dichterin zu werden, deren Werk heute in der ganzen Welt gelesen wird.

Sie hat für die Kunst gelebt; sie hat nicht nur geschrieben und sich dabei selbst »geschunden«, um Meisterin ihrer Sache zu werden, sie hat auch gemalt, Imkerei betrieben, einen großen Garten bestellt und zwei Kinder versorgt. Alles, was sie tat, tat sie mit Leidenschaft, und wenn sie scheiterte, nahm sie einen neuen Anlauf. Sie verausgabte sich in einem Maß, das oft ihre Kräfte überstieg, aber sie musste es tun.

Sie hatte einen scharfen Verstand und ein untrügliches Gefühl, was die Qualität ihres Schreibens anbetraf. Vieles hat sie verworfen, auch wenn sie das schmerzte. Die besten ihrer Gedichte hat sie wie im Rausch geschrieben, andere wurden einem langen intellektuellen Bearbeitungsprozess unterzogen. Ab einem bestimmten Punkt in ihrem Leben galt für sie wie für viele große Frauen vor ihr ein ›Alles oder Nichts‹.

In ihrem kurzen Leben blieb ihr nur wenig Zeit, um verschiedene Genres, verschiedene Stile, verschiedene Themen auszuprobieren; diese Jahre nannte sie ihre »Lehrzeit«. Als sie mit dem Schreiben begann, tat sie es dem Vater zu Gefallen; dann präsentierte sie der Familie ihr Talent, um der Liebe willen. Als Jugendliche hat sie das Honorar im Blick gehabt, das die Haushaltskasse ihrer Mutter entlasten sollte. Schließlich hat sie für ihre Eitelkeit geschrieben und sich manchmal vor sich selbst geekelt; in dieser Zeit wurde es für sie selbstverständlich, sich zu verbiegen, sich anzupassen an bestimmte Schreibkonventionen. In ihren letzten Jahren, als sie sich ihrer poetischen Stimme sicher war, hat sich in ihr alles dagegen gewehrt, Kompromisse einzugehen: weder in ihrer Ehe noch in ihrer Arbeit. Dafür hat sie einen hohen Preis gezahlt: Trotz wiederkehrender

Erschöpfungszustände und Depressionen hat sie die Trennung von ihrem Mann ausgehalten und unermüdlich gearbeitet. Sie war besessen davon, sich als Schriftstellerin einen Namen zu machen. Die Kraft, die sie in ihr Werk gegeben hat, ist unverkennbar in ihm enthalten.

Dass die Feministinnen sie und ihr Werk für sich reklamieren, obwohl Plath selbst keine war, hat vielerlei Gründe. Einmal passt ihr kurzes Leben zu dem Bild einer genialen Künstlerin, die, von ihrem Mann betrogen und verlassen, unter der Doppelbelastung als Mutter und Schriftstellerin zusammenbricht. In diesem Mythos wird sie zum Opfer ihres Ehemanns, der mit dem Vater verschmilzt, dem Mann, der sie in ihren Träumen ängstigte.

Die Identifikation ihrer Anhängerinnen mit ihr ging so weit, dass ihr Grab zur Pilgerstätte und der Name ›Hughes‹ auf dem Grabstein getilgt wurde. Wenigstens im Nachhinein wollten die Frauen ihr weibliches Idol vor männlicher Vereinnahmung schützen, vor dem patriarchalisch weitergegebenen Familiennamen. Dass Sylvia bei ihrer Heirat selbst den Namen ›Hughes‹ gewählt hatte, wurde dabei vergessen.

Der Kult um die Verstorbene mag zweifelhaft sein, und er war für die Familie unerträglich. Die Hochachtung für ihr Werk aber ist begründet, denn selten ist die Gabe, ein Kunstwerk, einen Vers so zu bearbeiten, bis er keinen falschen Ton, kein falsches Bild hervorbringt, bis er zu einem Kristall wird, in dem sich mannigfache Schicksale spiegeln können. Ob Plath über das Kleine oder das Große schrieb, über die Luftballons ihrer Kinder oder den Tod, der sie fesselte, immer versuchte sie in das Zentrum ihres Gegenstands vorzudringen.

Sie begann auch früh, ihr Selbstverständnis als Frau zu hinterfragen und nahm seismografisch die Hemmnisse wahr, die sich ihr von innen und von außen in den Weg stellten. Nicht immer gelang es ihr, sie zu überwinden, vielen bürgerlichen Konventionen ihrer Zeit blieb sie bis zum Ende verhaftet. Sie wusste darum und litt darunter. Unvermögen schmälerte nicht die Radikalität, mit der sie sich einer Sache verschrieb. Diese Haltung dem Leben gegenüber konnte sogar bedrohliche Züge annehmen. Ohne Mut und Ausdauer war ihr Werk nicht zu vollenden. Ohne Mut und die Bereitschaft zur Selbsterkenntnis ist ihr Werk nicht zu verstehen. Die Größe ihres Talents ist heute unumstritten, Gabriele Wohmann nennt es »wild und unabhängig«.

Sylvia Plath wandte sich Themen zu, die im engsten Zusammenhang mit ihrer Weiblichkeit standen, und sie scheute sich nicht, über Krankheit zu schreiben, über die Hässlichkeit der Verzweiflung, über die Niedrigkeit der Eifersucht und des Neides. Sie war die Erste, die es für unerlässlich hielt, dem Vorgang des Gebärens einen Platz in ihrer Lyrik einzuräumen, über die Wucht der Wehen zu schreiben, die die Frau wie »von Pferden gezerrt« fast auseinanderreißen; von der Nachgeburt als einer »roten Lotosblüte« zu sprechen, »die in einer Schale von Blut« erblüht. Die Fassungslosigkeit einer Mutter über das neue Geschöpf zu schildern, das sie selbst hervorgebracht hat. »Wer ist er«, fragt sie, »dieser zornesblaue Junge«, der »strahlend und fremd und wie aus einem Stern gefallen« ist?

Auch aus ihren Tagebüchern spricht diese intensive Stimme. Sylvia Plath hat sie nicht mit Blick auf die

Nachwelt geführt, sondern allein aus der Notwendigkeit heraus, sich über die eigene Person Klarheit zu verschaffen. An diesem geschützten Ort setzte sie sich mit dem weiblichen Begehren auseinander, mit ihrer sexuellen Lust; ihm konnte sie ihre Verzweiflung anvertrauen, vielleicht unfruchtbar zu sein; hier fand ihr innerer Dialog statt, unter welchen Bedingungen sie als Mutter und Künstlerin wohl ihr Glück fände. Glücklich ist sie gewesen – immer wieder –, aber halten konnte sie es nicht. Das Tagebuch wird zum Bekenntnisbuch eines Menschen, der täglich um sein Leben ringt.

Sylvia Plath war mit den zwei Seiten der menschlichen Existenz tief vertraut: mit der Leichtigkeit und der Schwere, mit der Freude und dem Leid, mit der Maskerade der Menschen und ihrer Entlarvung. Sie liebte das Leben, sie ertrug düstere Zeiten der Depression. Mit ungeheurer Energie suchte sie ihre inneren Feinde auf, wollte sie begreifen und Frieden mit ihnen schließen, sie aber waren die mächtigeren.

Stimmen

Wir leben in einer Zeit, die bewusst auf Gesundheit aus ist und dennoch allein an die Realität der Krankheit glaubt. Die Wahrheiten, die wir respektieren, sind aus dem Leid geboren. Wir messen die Wahrheit an dem Preis des Leidens, den der Schriftsteller gezahlt hat – nicht nach dem Maßstab einer objektiven Wahrheit, der die Worte eines Schriftstellers entsprechen. Jede unserer Wahrheiten muss ihren Märtyrer haben.

Susan Sontag, 1963

Sterben
Ist eine Kunst, wie alles
Ich kann es besonders schön
Eine Rekonstruktion

Zum Jahreswechsel 1962/63 zieht ein Jahrhundertwinter über Großbritannien, der in die Geschichte als *The Big Freeze* eingeht. In London bricht die Versorgung zusammen: Güterzüge stehen still, Lastwagen stecken in Schneewehen fest und können nicht entladen werden. Der Schiffsverkehr auf der Themse kommt zum Erliegen. Obwohl von heißen Abwässern zweier Kraftwerke erwärmt, wächst das Eis auf dem Fluss von Nacht zu Nacht. Die Themse friert zu.

Alltägliche Bedürfnisse der acht Millionen Stadtbewohner werden zum Luxus. In den Mietshäusern platzen die Rohre, es gibt kein fließendes Wasser, in den Sperrstunden keine Elektrizität. Klempner sind nicht zu bekommen, Kerzen in den Geschäften ausverkauft. In den Wohnungen kann weder geheizt noch gebadet, weder gekocht noch Wäsche gewaschen werden. Familien mit Alten, Kranken und Kleinkindern sind der Verzweiflung nah. Einsame und Unglückliche können die Schwierigkeiten des Alltags kaum meistern. Ärzten ist es an manchen Tagen unmöglich, Hausbesuche zu machen: Ihre

Autos sind eingeschneit, die Straßen nicht geräumt. Therapeuten vertrösten ihre Patienten, ihre Praxen sind zu Eiskellern geworden. Nachbarn verschließen ihre Türen, sie sind mit eigenen Problemen beschäftigt und können ihre knapp bemessenen Vorräte nicht mit anderen teilen. Die Stadt erlebt einen dramatischen Stillstand.

An einem dieser trostlos kalten Tage, es ist Montag, der 11. Februar 1963, macht sich die Dichterin Sylvia Plath zum Sterben bereit. Gequält von der immerwährenden Angst, den Anforderungen des Lebens nicht gewachsen zu sein, geht die Dreißigjährige besonders sorgfältig vor. Mehrere Selbstmordversuche liegen hinter ihr: einer war ihr fast gelungen, zehn Jahre zuvor in ihrer Heimat Wellesley, Massachusetts. Nun bedenkt sie jeden Schritt ihres Vorhabens.

Für die Vorbereitung ihres Todes wählt sie die Stunden zwischen Nacht und Tag, als schreibe sie ein neues Gedicht, als führe sie den letzten großen Schöpfungsakt in ihrem Leben aus. Für den Vorspann einer BBC-Sendung, die nie ausgestrahlt wurde, hatte sie einige Wochen vorher über ihre Schreibgewohnheiten Auskunft gegeben: »Meine neuen Gedichte haben eines gemeinsam, sie wurden alle gegen vier Uhr morgens geschrieben – in der noch blauen, fast ewig währenden Stunde vor dem Kindergeschrei, vor der gläsernen Musik des Milchmanns, der seine Flaschen abstellt.«

Für den letzten Akt ihres Leben wählt sie eben diese Stunde. Doch der Februarmorgen ist nicht blau, er ist tiefschwarz; und die »gläserne Musik des Milchmanns« wird ausbleiben: sein Auto nicht anspringen, die Glasflasche bei der Kälte zerbersten. Die Nachttemperaturen in London liegen bei minus 20 Grad und darunter.

Sylvia Plath verlässt ihr Zimmer – zum Schlafen wird sie in dieser Nacht nicht gekommen sein – und bereitet in der Küche zwei kleine Mahlzeiten zu. Mit einem Tablett steigt sie die Treppe hinauf und betritt das Kinderzimmer. Ihre Tochter Frieda und ihr Sohn Nicholas schlafen fest. Frieda ist noch nicht drei Jahre, Nicholas am 17. Januar ein Jahr alt geworden.

Sylvia Plath stellt an beide Betten, die hohe Seitenteile haben, einen Teller mit zurechtgeschnittenem Brot und einen Becher mit Milch. Dann geht sie zu den Fenstern und öffnet sie weit. Die eindringende Frostluft wird sie kaum gespürt haben in dem eiskalten Zimmer, das in den letzten drei Monaten nur noch stundenweise mit einem kleinen Elektroofen beheizt werden konnte. Sie tritt zurück auf den Flur, schließt die Tür hinter sich und stopft die Türspalte mit Laken und Handtüchern aus. Zum Schluss versiegelt sie deren Ränder mit Klebstreifen.

Auf einem Stück Papier, es ist ein Fetzen von einer Tapete, notiert sie die Telefonnummer ihres Hausarztes Dr. John Horder. Den Fetzen klebt sie gut sichtbar an den Kinderwagen, der im Nebenraum des Kinderzimmers steht.

»Bitte Dr. Horder anrufen« steht auf ihm. Dieser Zettel hat die Nachwelt lange beschäftigt und tut es bis heute. Viele haben die schriftliche Aufforderung so interpretiert, dass Plath gewünscht und gehofft hat, gerettet zu werden. Vielleicht haben diese Menschen die Vorstellung, dass der Richtige zum richtigen Zeitpunkt den Körper der jungen, schönen Frau aus dem Ofen zieht und ihr den rettenden Odem der Liebe zum Leben einhaucht, um sie für alle Zeiten vor der Selbstauslöschung zu feien.

Dann aber hätte Plath den Zettel außen an der Küchentür angebracht, hinter der sie sich sterbend befand, und nicht ein Stockwerk höher neben dem Kinderzimmer, das nur durch die Innentreppe der Maisonettewohnung erreicht werden konnte. Alle Vorbereitungen deuten darauf hin, dass Sylvia Plath diesen Versuch, sich das Leben zu nehmen, ernst meinte. Der Zettel zeigt einzig ihre Sorge um die Kinder. Sie musste die berechtigte Angst haben, Frieda und Nicholas mit sich in den Tod zu nehmen, die Unschuldigen zu vergiften.

Sylvia Plath tritt ihren letzten Gang an, über die Treppe gelangt sie hinunter zur Küche im ersten Stock. Ob sie am Küchentisch noch einen Abschiedsbrief schreibt oder ihn in den schlaflosen Stunden der Nacht geschrieben hat, ist nicht bekannt. Ihre Biografen gehen von der Existenz eines letzten Briefes an ihre Mutter Aurelia Schober Plath aus. Ihn nicht zu lesen, riet ihr der Schwiegersohn Ted Hughes; Aurelia ist seinem Wunsch gefolgt. Vielleicht hat Sylvia Plath auch einen an ihre Kinder verfasst, der Öffentlichkeit aber wurde kein Abschiedsbrief zugänglich gemacht.

Dann nimmt die junge Frau zielstrebig dieselbe Prozedur an der Küchentüre vor wie oben im Kinderzimmer, mit dem Unterschied, dass sie den Raum von innen her versiegelt. Danach stopft sie Handtücher und Kleidungsstücke in die Spalten zwischen Fenster und Fenstersimse. Sie faltet ein kleines Tuch zusammen, geht zum Herd, dreht alle Gashähne weit auf, öffnet den Backofen, schiebt ihren Kopf tief hinein und legt das Tüchlein unter ihre Wange. Sie nimmt die Haltung einer Delinquentin an, die den Tod durch das Fallbeil erwartet.

Zu welchem Zeitpunkt das Gas an diesem Morgen Sylvias Leben beendet, darüber sind der zu Hilfe gerufene Hausarzt und eine Stunde später der begutachtende Pathologe in der Londoner Klinik unterschiedlicher Meinung.

Während Sylvia Plath in der Küche ihrer Maisonettewohnung stirbt, schläft im unteren Stockwerk der Kunsthistoriker Trevor Thomas. Er ist zu diesem Zeitpunkt der einzige andere Mieter in der Fitzroy Road 23. Wie jeden Montag wollte er das Haus gegen acht Uhr morgens verlassen, um zur Arbeit zu gehen. Nun schläft er bis fünf Uhr am Nachmittag. Als er erwacht, ist er verwirrt: Er hat starke Kopfschmerzen, ihm ist übel und beim Aufstehen hat er Schwierigkeiten, das Gleichgewicht zu finden; er stürzt. Das austretende Gas, schwerer als Luft, ist in seine Wohnung gesunken. Der von dem Handwerker Charles Langridge zu Hilfe geholte Arzt John Horder diagnostiziert bei ihm eine Kohlenmonoxidvergiftung.

Thomas, der sechsundfünfzigjährige Waliser, ist der Letzte, der mit Sylvia Plath gesprochen hat. Kurz vor Mitternacht habe sie an seine Tür geklopft und um Briefmarken gebeten. Sie wolle »ihrer Mutter nach Amerika« schreiben, und der Brief dulde keinen Aufschub. Er müsse noch in der selben Nacht von ihr aufgeben werden, so berichtet Thomas.

Seine Nachbarin sei in einem seltsamen Zustand gewesen, habe wie unter Drogen oder wie in einem starken Fieber verlangsamt gesprochen. Als er sie gefragt habe, ob er ihren Hausarzt verständigen solle – sein Telefon ist im Gegensatz zu ihrem freigeschaltet –, verneint sie. Thomas, nachdem er ihr die gewünschten Briefmarken gegeben hat, habe sich verabschiedet und die Wohnungstür geschlossen. Sylvia Plath aber sei wie in Trance dicht vor seiner Tür stehengeblieben. Besorgt habe der Nachbar nach zehn Minuten die Tür abermals geöffnet und Plath hereingebeten. Da habe sie lächelnd den Kopf geschüttelt und geantwortet, gerade eine wunderbare Vision zu erleben. Sie sei von dieser Vision wie verzückt gewesen. Als Thomas sie dann rastlos über die blanken Dielen ihrer Wohnung gehen hört, ist es nach halb eins. Der Mieter, der schon einige Unannehmlichkeiten durch sie hat erdulden müssen, hört nun fast die ganze Nacht ihre Schritte beim Auf- und Abgehen.

Die Kinderkrankenschwester Myra Norris, die Dr. Horder zur Unterstützung von Sylvia Plath am Freitag nach dem Gespräch mit seiner Patientin angefordert hatte, steht pünktlich am Montagmorgen um neun Uhr vor der Tür in der Fitzroy Road 23. Schon bevor sie klingelt, hört sie das Weinen von Kindern. Norris betätigt beide Klingeln, nur das untere Klingelschild ist mit dem Namen »Trevor Thomas« gekennzeichnet, das obere blind. Im Haus reagiert niemand auf das Klingelsignal. Nach einer umständlichen Rückfrage bei ihrer Agentur, die Norris bestätigt, an der richtigen Adresse zu sein, kehrt sie zurück zum Haus Nummer 23.

Der Handwerker Charles Langridge, der Arbeiten am Haus zu erledigen hat, ist es schließlich, der Norris die Tür öffnet. Schon im Hausflur ist das austretende Gas deutlich zu riechen. Langridge und Norris begreifen sofort: Sie brechen die Wohnungstür im ersten Stock, dann die verschlossene Küchentür auf. Sie finden eine junge Frau vor, halb auf dem Boden liegend, den Kopf tief im Backofen. Norris schließt die voll aufgedrehten Gashähne, dann reißt sie die Fenster auf und schleppt mit Langridge die Frau ins Wohnzimmer. Dort versucht die Krankenschwester sie künstlich zu beatmen, doch vergeblich.

Erst jetzt gehen die beiden Erwachsenen dem Kinderweinen nach und finden Frieda und Nicholas stehend in ihren Betten vor. Milch und Butterbrot sind unberührt. Die Kinder sind ausgekühlt, aber von einer Vergiftung verschont geblieben.

Um elf Uhr dreißig trifft Dr. Horder ein, der nur noch den Tod seiner Patientin feststellen kann. Die Leiche wird umgehend mit einem Krankenwagen in die Klinik gebracht, die dort vorgenommene Autopsie stellt als Todesursache sechs Blutungen in der Lunge fest.

Während der Körper von Sylvia Plath abtransportiert wird, setzten Dr. Horder, Myra Norris und Catherine Frankfort, die wie verabredet am Vormittag eintrifft, um die Kinder ihrer Schrifstellerfreundin zu hüten, alles in Bewegung, Ted Hughes zu erreichen. Der Ehemann, von seiner Familie seit über sechs Monaten getrennt, wohnt zu der Zeit im Londoner Stadtteil Soho; keiner der Anwesenden kennt seine Telefonnummer. Eine Freundin setzt sich mit der anderen in Verbindung, und schließlich ist es Suzette Macedo, die Ted Hughes die schreckliche Nachricht übermittelt. Sie ist es auch, die sich bis zum Eintreffen von Ted Hughes um Frieda und Nicholas kümmert.

Stimmen

Nach offiziellen Statistiken kam es in der Woche, in der Sylvia starb, mindestens zu neunundneunzig weiteren Selbstmorden in Großbritannien. Innerhalb der gleichen Zeit nahmen sich zudem fünfundzwanzig bis fünfzig Menschen das Leben, die nicht in den offiziellen Listen geführt wurden.

Warum geschehen diese Dinge? Gibt es eine Selbstmord-Tradition für schöpferisch begabte Menschen wie Sylvia? Oder haben quasi literarische Beweggründe sie dahin geführt?

Alfred Alvarez, 1971

Die kleinen geliebten Kinder wirken durch diesen Schluss wie Spielzeug, dem das nur etwas größere Kind in einem sehr verlassenen Moment überhaupt nichts mehr abgewann. Er wirkt, aus dem Aspekt dieses etwas größeren Kindes, so vorübergehend, dieser Moment! In dem nichts Verwandtschaftliches mehr zählte, nicht einmal für diese so familiensinnige Frau. Der Augenblick muss unvorstellbar dunkel und fremd sein, schlafwandlerisch dem Ende zugewandt.

Gabriele Wohmann, 1979

Die Frau ist vollendet
Der hässliche Tod

»Der Sarg stand am äußersten Ende des nackten, schwarz ausgeschlagenen Raums. Sie lag steif da, man hatte ihr eine lächerliche Krause um den Hals gelegt. Nur ihr Gesicht war sichtbar: grau und ein wenig durchscheinend, wächsern. Ich hatte noch nie eine Tote gesehen und erkannte sie kaum wieder; ihre Züge kamen mir schmal und scharf vor.«

So erinnert sich an die Tote der Freund Alfred Alvarez, der Sylvia Plath noch am Weihnachtsabend 1962 besucht und mit ihr den Nachmittag verbracht hatte. »Wir tranken Wein, und sie las mir, wie gewöhnlich, einige Gedichte vor. Eines davon war *Tod & Co.* Diesmal ließ sich seine Bedeutung nicht übersehen. Wenn sie früher über den Tod geschrieben hatte, stellte sie ihn als etwas dar, das überlebt, ja überstanden worden war.« Doch in diesem Gedicht »erschien ihr« der Tod »plötzlich in der vertrauten Gestalt: er sah aus wie ihr Vater«.

Von den Ereignissen des 11. Februar überwältigt, bittet Ted Hughes Alvarez um Unterstützung, die der Freund ihm selbstverständlich gewährt. Alvarez begleitet Hughes am 15. Februar nicht nur morgens zum Bestattungsinstitut in der Mornington Crescent, sondern er steht ihm auch später am Vormittag im Untersuchungsgericht bei, wo die Ursache für Sylvias Tod festgestellt werden soll.

Dort gibt Ted Hughes zu Protokoll, er sei Autor und Dozent für englische Literatur und lebe in der Fitzroy Road 23. Vorauseilend äußert er sich auch zu dem psychischen Zustand seiner Frau. Er spricht von einer langen Vorgeschichte »der Geisteskrankheit« bei Sylvia Plath und von ihren früheren Selbstmordversuchen. So wird am Ende vom Gericht »Selbstmord« als Todesursache festgestellt.

Wie Alvarez muss auch Ted Hughes an diesem Vormittag den Anblick der Toten ertragen – und der Ehemann ist tief erschüttert. Der Leichnam ruft in ihm eigentümliche Bilder hervor, von denen seine Leser erst spät erfahren. Fünfunddreißig Jahre nach dem Tod von Sylvia Plath legt Ted Hughes seinen an sie gerichteten Gedichtzyklus *Birthday Letters* vor, der in achtundachtzig Gedichten den Stationen ihres gemeinsamen Lebens folgt.

Das Gedicht *Anglerbrücke*, das von einem gemeinsamen Besuch des Yellowstone-Nationalparks und seinem namensgebenden Fluss erzählt, endet mit der Beschreibung, wie Hughes sich über das Gesicht seiner toten Frau beugt. »Deine toten, bleichen Lippen. Und deine Augen / (Hellbraun, wenn ich die Lider hob, / Als würdest du über jenes Glitzern blicken), / Reglos und tot.«

Leicht überliest man diese Stelle, obwohl sie eine Ungeheuerlichkeit preisgibt: Ein Mann öffnet die Augenlider des Leichnams seiner Frau – und dieser Mann ist kein Arzt, der sich für die Ausstellung eines Totenscheins auf diese Weise des Todes vergewissern muss. Woher nimmt der Dichter Ted Hughes die Kälte, die Sachlichkeit eines Mediziners, diese Handlung an einer vier Tage zuvor Verstorbenen vorzunehmen? Es ist der Jäger in ihm, der mit dem Tod Vertraute, der ihn zu diesem Eingriff verleitet. Dabei nimmt er gar nicht wahr, dass er die Würde der Toten verletzt.

Ted Hughes sieht für einen Moment in die »hellbraunen« Augen seiner Frau, als würde sie noch leben und sich auf ihren Augäpfeln das »Glitzern« der Wasseroberfläche des Yellowstone River spiegeln, so wie in dem glücklichen Moment ihres gemeinsamen Ausflugs. Dann aber, einen Moment später, sind die Augen unheimlich »reglos und tot«.

Eines seiner letzten Gedichte in *Birthday Letters* trägt den Titel *Leben nach dem Tod*. Es beschwört die Tage und Nächte in der Fitzroy Road 23 herauf, die unmittelbar auf den Tod und die Beerdigung Sylvia Plaths folgten. Hughes zieht sogleich in die Wohnung seiner Frau und tut alles für Frieda und Nicholas, was die Mutter nun nicht mehr tun kann. Dabei ist ihm Frieda nah; zu ihr, seinem Lieblingskind, hat er den Kontakt bei seinen häufigen Besuchen aufrecht erhalten können. Für Nicholas aber, der dreizehn Monate alt und noch nicht aus der wärmenden Hülle der Mutter herausgetreten ist, wirkt der Vater fremd. Ted Hughes hat, als er sich in der Wohnung der Toten einrichtet, in ihrer Küche kocht, an ihrem Schreibtisch schreibt, in ihrem Bett nachts wachliegt, nur den einen Wunsch, mit den Kindern so zu leben, »als würden wir von vorne anfangen«.

In seinem Gedicht *Leben nach dem Tod* spricht er, wie in fast allen Gedichten von *Birthday Letters*, die Tote direkt an. Er beginnt vom Schmerz des Jüngsten zu berichten. »Die Augen deines Sohnes«, die »ganz und gar deine Augen werden sollten«, verwandelten sich in »feuchte Diamanten«, wurden »die härteste Materie aus reinstem Schmerz, / Als ich ihn in seinem weißen Hochstuhl fütterte.«

Dann wechselt er zu Frieda: »Tag für Tag wurde seine Schwester / Blasser wegen der Wunde, / Die sie nicht sehen, berühren oder fühlen konnte, über die ich / Täglich ihr blaues bretonisches Jäckchen zog.«

Nun beschreibt der Dichter den Vater, der er selbst ist: »Nachts lag ich wach in meinem Körper, / Ein Gehängter«. Er stellt sich vor, er könne sich so seinen Schmerz erklären: »Wenn ich im Geist an einem Haken / Hinge, der meinen Nackenmuskel durchbohrte.«

In der 5. Strophe spricht er als Vater der beschädigten Familie: »Vom Leben fallengelassen, / Lagen wir drei / Totenstill / In unseren Betten.« Aus dem nahegelegenen Zoo im Regents Park hören sie »unter jenem Februarmond« die Wölfe in ihren Käfigen heulen. Die Wölfe trösten die drei Fallengelassenen und die Tote. »Sie umfingen und umgarnten uns / Mit ihrem Heulen um dich, ihren Klagen um uns.« In der letzten Strophe überführt der Dichter die Familiengeschichte in eine Sage, »in der die Wölfe im Wald für die / Zwei Kinder singen, die im Schlaf / Zu Waisen wurden / Neben der Leiche ihrer Mutter.«

Leben nach dem Tod ist ein ruhiges Gedicht über die Trauer, es wirkt fast meditativ. Nicht Wut, nicht Vorwurf sind in ihm zu finden, es konzentriert sich ganz auf den individuellen Schmerz von drei Menschen. Weder kann Gott ihre Schmerzen lindern noch irgendein Mensch sie trösten. Allein das Tier spendet Trost mit seinem »Lied«. Der Wolf im Käfig, seiner eigentlichen Bestimmung eines wilden Lebens beraubt, stimmt ein in den Trauergesang der im Schmerz gefangenen Menschen. Das ist für Ted Hughes eine typische Wendung: Heilung erwartet er sich nicht von der zivilisierten Menschheit, sondern von ursprünglichen, archaischen Kräften. Der soziale Instinkt des Wolfes steht für ihn auf einer höheren Stufe als der des Menschen.

Für diese intimen und schmerzlichen Gedichte hat Hughes Zeit gebraucht: Jahrzehnte. Er war davon überzeugt, dass »tief empfundener Schmerz kaum mit bewussten Mitteln zum Ausdruck« gebracht werden kann. Veröffentlicht wurden die Gedichte 1998, im Jahr seines Todes.

Ob Sylvia Plath in der gottverlassenen Nacht von Sonntag auf Montag noch Gedichte geschrieben hat, ist nicht bekannt. Fest steht, dass sie am 5. Februar zwei Gedichte schrieb: *Ballons* und *Rand*. Obwohl beide Meisterwerke nach Form und Konzentration sind, wenden sie sich völlig entgegengesetzten Themen zu und zeigen so die zwei Seiten ihrer Persönlichkeit. *Ballons* ist eine unspektakuläre Hymne an das Leben, *Rand* eine an den selbstgewählten Tod. Das Erste ist ein wunderschönes Dinggedicht, das Zweite eine lakonische Begrüßung des Zustands nach dem Tod.

In *Ballons* beobachtet die Dichterin in stillem Vergnügen das Eigenleben von drei Luftballons, die mit Gas gefüllt sind und seit Weihnachten bei ihnen in der Wohnung »leben«. Die ovalen »Seelentiere« bewegen sich und machen Geräusche: Sie »quieken und schnalzen«. Die »sonderbaren Monde«, »die Kugeln aus leichter Luft«, erfreuen »das Herz wie Wünsche oder freie Pfauen«. In den beiden letzten Strophen schildert Plath ihrer Tochter, wie »dein kleiner Bruder« seinen Ballon jaulen lässt ähnlich einer Katze; wie er durch den Ballon durchsieht auf die andere Seite einer »rosa Welt, die er essen könnte«. Und der Bruder beißt auch wirklich zu. »Dann setzt er sich / Zurück, ein bauchiger Krug, / Der eine Welt betrachtet, klar wie Wasser, / In seiner kleinen Faust / Einen roten Fetzen.«

Das Gedicht ist schalkhaft, voller Alltagsfreude und genauer Beobachtung. Es gaukelt uns vor, dass der Gegenstand eine Beziehung zum Menschen eingeht. Die Ballons sind heiter, verspielt, »rollen zur Ruhe«, wenn man sie stört. *Ballons* ist eines der schönsten Dinggedichte der neueren Weltliteratur.

Rand hingegen handelt von der Vervollkommnung des Lebens durch den selbstgewählten Tod. Das Gedicht, ohne einen Anklang von Selbstmitleid, Zorn oder Anklage, wird von Plaths Kritikern als eines ihrer perfektesten gelobt. Die ersten drei Zeilen lauten: »Die Frau ist vollendet. / Ihr toter / Körper trägt das Lächeln des Erreichten.« Es mag sein, dass dieses Gedicht in seiner Form und seinen einzelnen Sätzen makellos ist. Der Inhalt aber spricht von einer Todessehnsucht, die auf schrecklich schöne Weise in Worte gekleidet wird. Spätestens wenn der Todeswille der Frau sich auf ihre Kinder erstreckt, erschaudert man. »Jedes tote Kind eingerollt, eine weiße Schlange, / Eines um jeden kleinen // Milchkrug, nun leer. / Sie hat sie gefaltet // Zurück in ihren Körper, wie Blätter einer // Rose«.

Hatte Sylvia Plath vor, ihre Kinder mit in den Tod zu nehmen? In der dichterischen Fantasie hat sie dieses Bild nicht abgestoßen, sondern angezogen. Und erinnern die kleinen Krüge – die Brüste der Toten –, die nun keine Milch mehr spenden, nicht an die für die Kinder unerreichbaren Becher, die Sylvia Plath am Morgen des 11. Februar an die Betten von Frieda und Nicholas stellte? Könnte das kleine Frühstück, das die Mutter den Kindern bereitet und das Nicholas ohne Hilfe eines Erwachsenen keinesfalls verzehren kann, nicht eine Grabbeigabe gewesen sein: ein Essen für die Ewigkeit?

Die letzten Zeilen des Gedichts betonen die Gleichgültigkeit des Kosmos gegenüber dem grausamen Geschehen; sie betonen die Resignation dem Leben gegenüber, die den Selbstmord erst möglich macht. »Der Mond starrt aus seiner Knochenkapuze. / Er hat keinen Grund zur Trauer. // Er ist dergleichen gewohnt.«

Während Ted Hughes sich in seinem Gedicht *Leben nach dem Tod* an dem Bild erfreut, dass die Kinder, die Waisen, wie in der Sage von Romulus und Remus durch eine stillende Wölfin gerettet werden, formt Sylvia Plath ein Bild, auf dem die Mutter ihre Kinder wie selbstverständlich, als seien sie ein Teil ihres Körpers, mit in den eigenen Tod nimmt.

Sylvia Plath hat gegenüber Freunden mehrmals geäußert, dass sie gerne, wenn sie tot sei, in der Grafschaft Devon begraben werden würde. Sie wollte auf dem Friedhof liegen, der an das Grundstück ihres Landhauses Court Green grenzt, in dem sie mit ihrer Familie eine außerordentlich glückliche Zeit verbrachte.

Schon im Frühjahr 1963 wollte sie mit den Kindern wieder in Court Green leben. Sie hatte vor, dort ihren neuen Roman zu beenden, an dem sie immer wieder intensiv arbeitete. Dann erwartete sie Freunde, die sich bereits fest angemeldet hatten; das Haus sollte im Sommer voller Leben sein. Wie im Vorjahr wollte sie den Boden des großen Grundstücks bestellen, denn sie liebte es, Früchte heranwachsen zu sehen, zu ernten und über sie zu schreiben.

Die Pflege der Bienenstöcke, die sie mit Ted Hughes aufstellt hatte, war für sie noch dringlicher als die der Pflanzen. Die Bienenstöcke verbanden sie mit der Vergangenheit, mit dem früh verstorbenen Vater und gleichzeitig mit einem neuen Selbstbild: aus der zweifelnden, sich unentwegt anpassenden Sylvia war für eine Zeit eine Bienenkönigin geworden, die Anführerin eines Volkes. So heißt es in ihrem Gedicht *Überwintern*: »Die Bienen sind alle Frauen, / Jungfrauen und die lange, königliche Dame. / Die Männer wurden sie los, // Die rohen, plumpen Strauchler, die Lümmel.« Das Gedicht, das das Letzte von *Ariel* sein sollte, endet mit der Zeile: »Die Bienen fliegen. Sie schmecken den Frühling«. Alles auf dem Grundstück von Court Green war für Silvia Plath Leben und beförderte ihre Kreativität.

Ted Hughes, der vielleicht von diesem Wunsch keine Kenntnis hat und den Schutz seiner Familie benötigt, lässt den Sarg nach West Yorkshire überführen. Die Beerdigung findet in dem kleinen, auf einer Bergspitze liegenden Dorf Heptonstall statt, in dem die Eltern von Hughes wohnen. Sie sind es auch, die alle Kosten übernehmen, weil ihr Sohn kaum Geld hat.

Obwohl die Familie Plath nicht glücklich ist über die

Wahl des Ortes, nehmen Warren Plath, Sylvias Bruder, und seine Frau Margaret den langen Weg aus den USA auf sich. Ebenso reisen Jillian und Gerry Becker aus London an, die ihrer Freundin noch bis zum Sonntagabend des 10. Februar beigestanden hatten. Frieda und Nicholas bleiben in London in der Obhut von Ted Hughes' Tante. Aurelia Schober Plath, krank vor Trauer, ist nicht in der Lage, die lange Reise anzutreten. Die Mutter weiß bis zu diesem Zeitpunkt überhaupt noch nicht, woran ihre Tochter gestorben ist.

Dem Biografen Ronald Hayman wurde die Beerdigung von Gerry Becker als äußerst deprimierend geschildert. Er hatte den Eindruck, dass die Eltern von Hughes Ressentiments gegen die »Amerikanerin« hegten. Und Ted selbst habe beim Umtrunk nach der Beerdigung festgestellt: »Alle hassten sie.« Er meinte damit Sylvia.

Zu diesem Zeitpunkt hätte er niemals gedacht, dass sich das Blatt sehr bald wenden und *er* das Objekt des Hasses werden würde. Das Grab und der Stein mit der Inschrift »In Memory Silvia Plath Hughes« wurde zu einer ›Pilgerstätte‹ für die Menschen, die sich mit der Toten identifizierten, die glaubten, sie zu lieben, und überzeugt davon waren, er sei der Hassenswerte. Den Namen »Hughes« kratzten sie von dem Grabstein.

Das Gedicht *Die Hunde fressen eure Mutter* handelt eben von dieser Verwandlung: die stille Grabstätte wird zur lauten Pilgerstätte. Es ist das Vorletzte in *Birthday Letters* und ihm kommt ein besonderes Gewicht zu. Es ist das Einzige, das sich nicht an Sylvia Plath wendet, sondern an die Kinder. Neben der aggressiven Warnung des Vaters, der sie auffordert, die Mutter zurückzulassen, gibt es im Mittelteil die Beschreibung eines Besuchs an ihrem Grab. »Ihr spieltet an ihrem Grab. Wir legten Bilder / Aus Seemuscheln und großen geäderten Kieseln, / Die wir aus Appledore mitgebracht hatten, / Als wären wir sie.«

Diese schlichte Beschreibung ist der ruhende Pol in dem Gedicht, der sanfte Teil inmitten von grausamen Bildern. Der Dichter beschwört noch einmal die Innigkeit einer Familie herauf: »Als wären wir sie«.

Stimmen

Man tötet sich nicht aus Liebe zu einer Frau [oder zu einem Mann]. Man tötet sich, weil eine Liebe, irgendeine Liebe, uns in unserer Nacktheit enthüllt, in unserem Elend, unserer Wehrlosigkeit, unserem Nichts.

Cesare Pavese, Tagebuch 1938

Die Muse lebt jetzt hier, nachdem Ted weg ist
Schreiben wie im Rausch

Im Juni 1962 besucht Alfred Alvarez die Familie Hughes in der Grafschaft Devon, in der sie seit dem Sommer 1961 lebt. North Tawton ist für die Verhältnisse von Devon »nicht hübsch«, es gibt kein Leben in dem Dorf, es scheint, als habe es sich »zum Schlafen zurückgezogen«. Court Green, das einmal das Herrenhaus des Ortes gewesen ist, macht einen besseren Eindruck auf Alvarez: »Es lag etwas höher als die übrigen Häuser, oben an einem steilen Feldweg neben einer Kirche aus dem 12. Jahrhundert. Es war weitläufig, hatte ein Strohdach, einen Hof mit Kopfsteinpflaster und ein geschnitztes Eichentor, Wände und Gänge waren aus Stein, die Zimmer glänzten in neuem Anstrich.«

Die Familie und der Gast verbringen einen Teil des Tages in dem großen verwilderten Garten des Anwesens, während die zweijährige Frieda, die sehr an ihrem Vater hängt, »zwischen den Blumen umher taumelte«. Apfelbäume und Kirschbäume bilden eine kleine Allee, der Goldregen steht in voller Blüte, es gibt Gemüsebeete, überall leuchten Blumen, das Gras steht hoch, »die ganze Szenerie schien vor Sommer überzuquellen.«

Sylvia Plath, nun Mutter von zwei Kindern – Nicholas

ist gerade fünf Monate alt –, Hausbesitzerin und Wärterin des Landguts, kommt Alvarez tatkräftig und gelöst vor. Sie macht einen entschieden selbstbewussten Eindruck auf ihn. Beim Abschied sagt sie: »Ich schreibe wieder. Es ist diesmal wieder richtiges Schreiben. Ich hätte gern, dass Sie sich ein paar von den neuen Gedichten ansehen.« Alvarez, als Redakteur für Lyrik beim *Observer* beschäftigt, hat schon zwei ihrer Gedichte veröffentlicht und wird sich bis über ihren Tod hinaus für ihre »geniale« Lyrik einsetzen.

Auch wenn dem Besucher der sommerliche Garten fast wie eine Idylle erscheint und er annimmt, dass die Hughes' »eine lebenskräftige Ehe« führen, gibt es tatsächlich große Spannungen in der Beziehung. Streit wird nicht nur mit Worten ausgefochten, sondern endet immer wieder in körperlicher Gewalt. »Wir haben ab und zu gewaltige Kämpfe, aus denen ich mit verrenkten Daumen hervorgehe und Ted ohne Ohrläppchen, aber wir fühlen uns so als eins, dass wir uns unsere eigene Welt schaffen«, gesteht Sylvia ihrem Bruder Warren halb stolz. »Ich habe eine Gewalt in mir, die scharf und blutrünstig ist. Ich kann mich selbst – und das weiß ich jetzt –, sogar jemanden anderen umbringen«, vermerkt Plath schon ein Jahr nach ihrer Hochzeit.

Als Ted Hughes im Juni offensichtlich eine Affäre mit einer anderen Frau beginnt und in den Sommermonaten kaum noch zu Hause ist, eskaliert die Situation und endet Mitte Oktober mit seinem Auszug aus Court Green. Während er seine Kleider, Bücher und Papiere zusammenpackt, summt er versonnen vor sich hin. Seine Selbstzufriedenheit verbittert Sylvia, und sie macht den uralten

Fehler eines eifersüchtigen Menschen: Sie beginnt ihren Mann nach Assia Wevill, ihrer Konkurrentin, auszufragen. Und Ted »löffelte mir die Wahrheit ein, mit höhnischem Grinsen«.

Am 12. Oktober 1962 schreibt Sylvia Plath ihrer Mutter Aurelia, der bei ihrem letzten Besuch im Juli die Streitigkeiten zwischen den Eheleuten nicht verborgen geblieben sind: »Jeden Morgen um fünf, wenn die Wirkung meiner Schlaftablette nachlässt, bin ich auf, trinke Kaffee in meinem Arbeitszimmer, schreibe wie eine Verrückte – habe täglich ein Gedicht vor dem Frühstück geschafft. Alle publikationsreif. Fantastisches Zeug, als hätte die Häuslichkeit mich erstickt.«

Die verlassene Frau wird zu der Dichterin, die sie immer hat sein wollen. Ihrer Mutter, der sie bisher nur manipulative Täuschungsbriefe geschrieben hat, kündet sie nun in hohem Ton den Wendepunkt in ihrem dreißigsten Lebensjahr an: »Es ist *vorüber*. Mein Leben kann beginnen!«

Dieses Mal ist Sylvia Plath fest davon überzeugt, ihrer Mutter die Wahrheit zu schreiben, und täuscht sich selbst dabei so sehr. Für die nächsten Monate aber gilt der Ausruf, er wird zum Lebensmotto der Dichterin. Unter größten Schwierigkeiten entstehen zwischen Anfang Oktober und Mitte November dreißig der vierzig *Ariel*-Gedichte, die zu ihren herausragendsten gehören. *Tod & Co*, im November geschrieben, ist das letzte Gedicht für den Band. Wohlgeordnet, in einer schwarzen Kladde verwahrt, liegen die Gedichte mit Titelblatt und Inhaltsverzeichnis auf ihrem Schreibtisch; dort wird *Ariel und andere Gedichte* nach ihrem Tod gefunden.

»Ich lebe wie eine Spartanerin, schreibe trotz hohen Fiebers und produziere freie Sachen, die jahrelang in mir verschlossen waren. Ich staune und bin sehr glücklich. Ich habe mir immer eingeredet, ich sei ein Mensch, der nur mit friedlichem Herzen schreiben kann, aber das ist nicht der Fall. Die Muse lebt jetzt hier, nachdem Ted weg ist«, lässt sie ihre Freundin Ruth Fainlight wissen.

Zwar lebt die Muse »jetzt« an ihrer Seite, den Trennungsschmerz aber vermag auch diese Nymphe aus der Antike nicht zu vertreiben. Am 27. Oktober wird Sylvia Plath dreißig Jahre alt und ist wieder das gottverlassene Kind, das sie nie mehr sein wollte. Und dieses Kind, als hätte ihm eine ›schwarze Muse‹ Hand und Feder geführt, fördert ein schmerzliches Geschenk zutage: ein Gedicht. *Ein Geburtstagsgeschenk*, von Sylvia Plath auf das Ereignis hin geschrieben und am 2. Oktober vollendet, spricht von zwanghafter Todessehnsucht.

»Ich will sowieso kein großes Geschenk dieses Jahr. / Schließlich bin ich nur zufällig noch am Leben. // Ich hätte mich gern umgebracht, damals, auf jede nur mögliche Art.« Wenn das Geschenk der Tod wäre, endet das Gedicht, dann »wäre es etwas Erhabenes, dann wäre es ein Geburtstag. / Und das Messer würde nicht schneiden, sondern eindringen, // Rein und glatt wie der Schrei eines Säuglings, / Und das Universum von meiner Seite gleiten.«

Dieses Bild einer besonders brutalen Selbstauslöschung wird Sylvia Plath in ihr nächstes Lebensjahr hinüber begleiten, es wird sie vor sich her treiben in eine Enge, der sie nicht mehr entfliehen kann. Obwohl ihr noch so viel Gutes geschieht und sie in den nächsten Monaten literarische Erfolge verzeichnen kann, nach denen sie sich lange gesehnt hat. In ihren Briefen ist sie beherrscht, kaum ein schwarzer Schatten fällt auf ihre Zeilen: weder Mutter noch Freundinnen können erkennen, wie kompromisslos Sylvia Plath dem Ende zutreibt.

In diesen letzten Monaten muss Sylvia Plath mit dem Aufruhr ihrer Gefühle allein fertig werden, es gibt keinen tröstenden Ehemann mehr, der sie besänftigt, wenn sie sich wie entblößt vor der Welt fühlt. Die Kinder, die bei ihr leben, sind ein Trost, aber sie selbst können nicht trösten: dafür sind sie zu klein.

In dieser Situation ist Sylvia Plath dazu gezwungen, sich mit ihrer Ohnmacht, mit ihrem tief verwurzelten Zorn auseinanderzusetzen. Und es gelingt ihr, »den Zorn als Antriebsfeder« ihres Schreibens zu nutzen. Sie kann zum ersten Mal über eine längere Zeit ihre größte Schwäche in Stärke umwandeln: Sie muss die zerstörerische Seite ihrer Persönlichkeit nicht mehr unterdrücken, sondern kann ihr triumphierend entgegentreten.

Die Kränkung, dass ihr Mann ihr eine andere Frau vorzieht und nun ein ungebundenes Künstlerleben in London führt, spornt die Dichterin zu Höchstleistungen an, auch wenn sie sich weiterhin zurückgesetzt fühlt, weil sie mit zwei kleinen Kindern auf dem Land wohnen und mit dem großen Anwesen allein fertig werden muss, abgeschnitten vom literarischen Leben der Großstadt. Ihrer Tante schreibt sie von den Schwierigkeiten, »alle Männeraufgaben zu übernehmen, zusätzlich zu denen einer Frau«.

Das disziplinierte Schreiben im Morgengrauen beflügelt Sylvia Plath, lässt Ängste in den Hintergrund treten und stärkt ihr Selbstbewusstsein. Doch Schlafmangel und Erschöpfung machen sich bald bemerkbar. Um am frühen Morgen den Überhang der Schlaftabletten zu bekämpfen, trinkt sie Unmengen Kaffee, der wiederum ihre Appetitlosigkeit verstärkt. Sie isst kaum noch, fängt an zu rauchen und wird eingeholt von chronischen Schlafstörungen. Sie nimmt stark ab und betäubt sich mit einer gefährlich hohen Anzahl von Schlaftabletten, wie sie es in Krisen seit ihrer Jugend tut.

In mehreren Briefen an ihre Mutter betont sie, dass sie sich scheiden lassen wolle. Auch gegenüber ihren Freunden und Londoner Bekannten, die meist Teds Freunde sind, spricht sie von Scheidung. »Wenn ich geschieden bin«, überlegt sie selbstironisch, »kann er mich nie wieder betrügen«.

Auch Ted Hughes scheint an Scheidung zu denken. Um die Trennung von ihr und seinen Kindern vor seinem älteren Bruder Gerald zu rechtfertigen, lässt er ihn wissen: »Das Eine, was nur nahe Freunde verstehen können, ist Sylvias Art, wie ein Todesstrahl zu sein«. Einige Freunde von Hughes haben sich nach ihrem Tod über diese Seite von Sylvia Plath geäußert: über ihre Eifersucht, über eine gewisse Art der Gewalttätigkeit in ihrem Wesen und ihren unbedingten Besitzanspruch, der sich ganz auf Ted Hughes konzentriert habe.

»In vielerlei Hinsicht ist sie die begabteste und fähigste und bewundernswerteste Frau, die mir je begegnet ist – aber letztlich ist es für mich unmöglich, mit ihr verheiratet zu sein«, stellt Ted in einem Brief an Gerald klar. Seiner Beteuerung nach ihrem Tod, Sylvia habe nie an eine Scheidung gedacht und sie hätten bei einer letzten

Aussprache beschlossen, bald wieder zusammen zu kommen, kann man nicht ganz trauen. Vielleicht drückt sich darin der Schock aus, den ihr Tod bei ihm ausgelöst hat, vielleicht bedient sich Hughes auch einer Schutzbehauptung vor seinen Feinden, die ihm bald die Schuld am frühen Tod der begabten Dichterin geben. Ganz sicher spielt aber das ambivalente Gefühl, das beide Eheleute dem anderen gegenüber gehabt haben, die größte Rolle.

Sylvia Plath ist sich der Qualität ihrer neuen Gedichte bewusst, immer wieder reist sie nach London, um nach Wegen der Vermarktung für ihre Kunstwerke zu suchen. Ihr Ziel ist, ihre kleine Familie finanziell allein durchzubringen. Sie spricht bei der BBC vor, wird mehrere Male eingeladen, ihre Gedichte im Sender zu lesen. Sie besucht Alvarez in seiner Wohnung, die Beziehung entwickelt sich zu einer Freundschaft, während sie sich über ihre neuen Gedichte unterhalten, die sie ihm jedes Mal laut lesend vorträgt. Ein kleines Unbehagen lösen diese Besuche bei Alvarez allerdings aus, zu deutlich tritt hervor, dass Plath mit dem Kontakt ihr berufliches Fortkommen fördern möchte.

Die junge Frau nimmt sich auch Zeit zum Einkauf von teuren Kleidern in Exeter und lässt sich die Haare blond färben. Gerade in London, der Stadt, die sie für Teds Revier hält, ist es ihr wichtig, sich hervorzutun. Sie zeigt sich als junge, begabte Lyrikerin mit sicherem Auftreten. Keiner soll glauben, sie sei eine gebrochene Frau, die nun aufopferungsvoll allein den Haushalt führt und in Sorge um ihre zwei Kindern vergeht.

Im September, nachdem sie mehrere Pläne, den Winter

an einem anderen Ort zu verbringen, verworfen hat, kennt Sylvia Plath nur ein Ziel: nach London zu ziehen. Sie ist entschlossen, das einsame, kräftezehrende Leben auf dem Land mit den Annehmlichkeiten der Stadt zu tauschen. Gesättigt von der sich ständig wandelnden Schönheit der Natur, ihren Bildern, die Eingang in ihre Lyrik gefunden haben, ist sie bereit für neue Eindrücke.

Darüber hinaus will sie sich vor den neugierigen Blicken der Dorfbewohner schützen, will dem hässlichen Gefühl der Fremdheit in einer festgefügten Dorfgemeinschaft entkommen, in der sie vielleicht nie Fuß fassen wird. Ihre Versuche, in sie »hineinzuwachsen« – sie hatte sogar die Gottesdienste in der anglikanischen Kirche besucht und sich einer Gruppe von jungen Müttern angeschlossen –, waren gescheitert.

Ihre Kinder will sie vor der Kälte des Winters schützen, vor den rauen Winden, die über das Land fahren. Im vergangenen Winter, als Nicholas auf die Welt kam, wurden selbst die beheizten Räume in Court Green nicht wärmer als 10 bis 12 Grad Celsius, in den ungeheizten waren es 3 bis 4 Grad. Sylvia Plath zog sich während des Schlafens im eiskalten Zimmer Frostbeulen zu, die lange nicht abheilten. Auch im kommenden Winter würde die Kälte für ihre kleinen Kinder, beide noch verwachsen mit dem Fußboden, eine Katastrophe sein.

Ted Hughes nennt in *Birthday Letters* den Umzug nach North Tawton einen »Irrtum«, wie auch der Titel des Gedichts heißt. Das tut er im Nachhinein; Jahre vorher war das Leben auf dem Land ein großer Traum, der ihn mit Sylvia verband. *Irrtum* schildert sehr sensibel die Kluft, die zwischen Sylvia Plath und den Frauen des Dorfes bestand: »Aus brombeerumrankten, hohlen Heckenwegen« kamen »vermummte Frauen«, »schnüffelten an deiner Fremdheit« in ihren »feuchten Läden«. »Ihre Augen verfolgten dich überallhin«, und sie »gruben dich aus deinem Schlaf und scharrten an deinen Träumen«. Sie »tratschten ihr Parkbankgeschwätz« in einem »mittelalterlichen Dialekt«.

Von der Anonymität der Großstadt verspricht sich Sylvia Plath jetzt neue Impulse, neue Bilder, eine neue Identität als selbstständige, gut verdienende Autorin. Und sogar ihr Mann unterstützt sie bei ihrer Wohnungssuche. Anfang November wird sie fündig. Durch Glück und die Bürgschaft einer Jahresmiete bekommt sie die große Wohnung in der Fitzroy Road 23. Dass in diesem Haus einmal der Dichter W. B. Yeats gewohnt hat – eine blaue Plakette über dem Eingang zeugt davon –, ist für sie ein gutes Omen.

Wieder zu Hause in Court Green schlägt sie an einer beliebigen Stelle den Band mit gesammelten Stücken von Yeats auf und findet diese Verse: »Bring Wein und Essen, dass du Stärke und Mut findest, und ich werde sorgen, dass das Haus bereit ist.« Wie wohl wäre es ihr jetzt ergangen, wenn ein anderer gekommen und ihre Last auf sich genommen hätte, um das »Haus bereit« zu machen.

Am 12. Dezember zieht Sylvia Plath mit ihren beiden Kindern nach London. Die Kinderkrankenschwester Susan O'Neill-Roe, die am 21. Oktober bei ihr begonnen hatte zu arbeiten, begleitet die kleine Familie an ihrem letzten Arbeitstag. Danach steht Susan nicht mehr zur Verfügung, und Sylvia muss in London erst einmal ohne Kindermädchen auskommen.

Kaum zu bewältigende Aufgaben warten auf die alleinerziehende Mutter, Aurelia aber erhält eine Freudenbotschaft: »Also, hier bin ich! Sicher in Yeats' Haus! Ich kann ehrlich sagen, dass ich in meinem Leben noch nicht so glücklich gewesen bin. Ich sitze nur und denke vor mich hin, Puh! Ich hab's geschafft! Und strahlend. Soll ich jetzt ein Gedicht schreiben, einen Fußboden streichen, eines der Kleinen umarmen? Alles macht solch einen Spaß, ist so ein Abenteuer.«

Mit der realen Situation in den zwei Etagen der neuen Wohnung hat die Beschreibung nichts zu tun, wie in Court Green gibt es im »Yeats Haus« keine Zentralheizung. Am Tag des Einzugs ist der Gasofen nicht installiert, das Licht ist nicht angeschlossen, es gibt kein Telefon, die Zimmer sind nicht tapeziert. Kein Mensch wird in den nächsten Tagen kommen, um Sylvia Plath bei der Renovierung zur Seite zu stehen.

Für den Umzug hat sie einen schlechten Zeitpunkt gewählt: Zwölf Tage vor Weihnachten sind alle mit Vorbereitungen beschäftigt, Familien rücken zusammen, Freundschaftsbesuche werden auf das neue Jahr verschoben. Die Tage sind kurz, dunkel und nebelig. Sylvia ist in schlechtem Zustand, von anhaltendem Schlafmangel gezeichnet schleppt sie sich durch den Dezember, im Januar werden die Kinder und sie abwechselnd von schweren Infekten heimgesucht. Dem Hausnachbar Trevor Thomas kommt Sylvia Plath depressiv und schläfrig vor, ihre beiden kleinen Kinder scheinen ihm unnatürlich still zu sein. Sylvia nimmt, wie immer, ihre ganze Kraft zusammen, ohne daran zu denken, wie hoch der Preis für ihre körperliche und seelische Überanstrengung sein wird.

Am 3. Januar kommt die Freundin Clarissa Roche mit ihren kleinen Kindern zu Besuch, sie findet eine saubere Küche vor, von der sie ahnt, dass dort in letzter Zeit nicht gekocht wurde. Dieser Freundin kann Sylvia gestehen, dass alle Arbeiten zu viel Mühe machen: Zwei kleine Kinder anziehen, sie gegen die Kälte wappnen, Frieda an einem Arm halten, während der sperrige Kinderwagen mit Nicholas durch Schnee und Eis manövriert werden muss, einkaufen und schließlich kochen nach den Strapazen.

Zwar sind Plath und ihre Kinder dem Winter in Devon entkommen, »das völlig abgeschnitten war durch sechs Meter hohe Schneewehen«, und über dem »von Helikoptern Brot und Milch abgeworfen« werden musste, aber die Verhältnisse in London werden denen in Devon immer ähnlicher.

Auch vor ihrer Freundin Marcia Brown, mit der sie im Smith College das Zimmer geteilt hat, bedarf es keiner Verstellung, ihr kann Sylvia mitteilen, wie es um sie steht: »Dass ich eine Geschäftsfrau und Bäuerin sein musste – siebzig Apfelbäume abernten, alle Zwiebeln zusammenflechten, Kartoffeln ausgraben und schrubben, den Honig schleudern und abfüllen etc. – und Mutter und Autor *und* ein Rund-um-die-Uhr-Desperado, hat mich absolut *plattgemacht*, dass ich alles dafür geben würde, allein zu sein. Ich fühle mich wie ein sehr wirksames Werkzeug oder Waffe …«

In dem Gedicht *Mich bestehlen* schreibt Ted Hughes über einen Besuch des verlassenen Hauses Court Green, den er im Dezember 1962 macht, nichts wissend von den Klagen seiner Frau über die schwere, allein verrichtete

Landarbeit. Auch er sortiert Äpfel – sie liegen bereits durch die Arbeit der Frau bereit; er füllt Kartoffeln in einen Sack, sie sind sicher aufgehoben vor dem Frost in einer Miete. Er geht wie »ein gespenstischer Einbrecher« durch das ganze Haus, das ihm »aufs Neue lieb und teuer« wird.

Wer bestiehlt hier wen? Ted Hughes sich selbst? Ist der Titel des Gedichtes ironisch gemeint? Oder glaubt er, da all diese Gedichte ›im Nachhinein‹ geschrieben sind, Sylvia habe *ihm* das Familienleben in Court Green gestohlen? Weil es letztlich für ihn unmöglich war, »mit ihr verheiratet zu sein«, die sie »wie ein Todesstrahl« sein konnte?

Stimmen

Der Schriftsteller ist der exemplarische Leidende, weil er den Zustand des tiefsten Leidens erfahren und zugleich ein in seinem Beruf vorgegebenes Mittel gefunden hat, dieses Leiden (im wörtlichen, nicht im Freud'schen Sinne des Wortes) zu sublimieren, zu erhöhen. Als Mensch ist er ein Leidender; als Schriftsteller verwandelt er sein Leiden in Kunst.

Susan Sontag, 1963

Die namenlose Autorin
Victoria Lucas und *Die Glasglocke*

Obwohl Sylvia Plath kein gutes Verhältnis zu ihrem Nachbarn hat, den der sperrige Kinderwagen im Eingangsbereich des Hauses stört und ihre rücksichtslose Art, ihren Müll in seinen Abfallbehälter zu werfen, bittet sie ihn einige Male um Hilfe und sucht in ihrer Verzweiflung sogar Trost bei ihm – nicht nur in ihrer letzten Nacht.

Trevor Thomas hält Sylvia Hughes, er kennt sie nur unter dem Namen, der im Mietvertrag steht, für eine überspannte, einsame und überforderte Hausfrau. Er nennt sie in seinem biografischen Bericht *Sylvia Plath: Letzte Begegnungen* sogar »eine selbstsüchtige Person«, die nur von ihren eigenen Problemen absorbiert und nicht fähig ist, an anderen Menschen teilzunehmen.

Von ihrer Arbeit als Autorin weiß der Kunsthistoriker nichts, erst nach ihrem Tod nimmt er den Beruf seiner Nachbarin zur Kenntnis. Für ihn ist sie bis dahin nur die verlassene Ehefrau, und er sieht sich darin bestätigt, dass sie seit ihrem Einzug neben ihrer Klingel kein Namensschild angebracht hat: vielleicht aus Scham, vielleicht aus Nachlässigkeit.

An einem Tag Ende Januar 1963 steht Sylvia Plath weinend vor seiner Tür und klagt, sie sei am Ende. Thomas bittet sie daraufhin zum ersten Mal zu sich in die Wohnung und bietet ihr einen Drink an. »Furchtbar wütend« habe sie die Fäuste geballt und gegen die Frau, »diese schreckliche Frau«, gewettert, die ihr Ted »gestohlen« habe. Ihr Mann und sie seien so glücklich gewesen, bis diese Frau gekommen sei.

Wieder beruhigt, bittet sie Thomas um seine Zeitung, *The Observer*. Sie macht ihren Nachbarn auf zwei Rezensionen aufmerksam, die eine befasst sich mit einem Gedicht von Hughes, die zweite mit dem Roman *Die Glasglocke* von Victoria Lucas. Diesen Roman habe sie selbst geschrieben, erklärt sie Thomas stolz, ihr Name sei in Wirklichkeit ›Sylvia Plath‹. Ob der Nachbar ihr glaubt, lassen er und die Biografen offen.

Es gibt einige Zeitzeugen, die von Begegnungen mit ihr berichten, bei denen sie nicht wussten, dass die Frau von Ted Hughes die Dichterin Sylvia Plath war. Alvarez ist einer von ihnen. Bei seinem ersten Besuch der Familie, der in der winzigen Wohnung einer typischen Londoner Mietskaserne stattfindet, zeigt sich die »tüchtige Hausfrau«, die im »Schatten« ihres Mannes steht, am Ende als die Dichterin, von der Alvarez im *Observer* bereits ein Gedicht veröffentlicht hat. Ganz schlicht spricht Sylvia ihn darauf an, und erst jetzt wird ihm bewusst, wer sie ist. Auch Charles Doyle, ein australischer Lyriker, der das Paar besucht, erlebt Sylvia als Hausfrau, die Huhn serviert und den Abwasch macht, während er und Ted über eigene Arbeiten sprechen.

›Namenlos‹ zu sein, ist für jeden Künstler von Übel. Nur ganz wenige unter ihnen haben die völlige Anonymität gesucht. Dieser Anspruch auf Namenlosigkeit entspringt oft einer tiefen Religiosität, mit dem Ziel, allein das Werk sprechen zu lassen. Andere Künstler wählen das Pseudonym, den ›Künstlernamen‹, um ihren bürgerlichen Namen nicht preisgeben zu müssen, oder, wie Frauen es häufig tun, dem Familiennamen des Mannes, ob Vater oder Ehemann, zu entgehen. Dabei nehmen sie sich die Freiheit, einen Namen für sich zu finden, den sie für ihren *eigentlichen* halten. Im Laufe der Zeit haben sich viele Autoren für das Pseudonym entschieden, unter dem nicht wenige von ihnen, besonders Frauen, berühmt geworden sind.

Sylvia Plath ist eine sehr ehrgeizige Autorin, sie will nicht im Schatten ihres Mannes stehen: »Mann«, beteuert sie, »wenn ich erst mal 50 und berühmt bin, gibt es keine Widmung dem ›lieben Gatten‹, ohne dessen Hilfe ich es nie geschafft hätte etc.« Als sie nach der Trennung von Ted Hughes ihre bedeutendsten Gedichte schreibt, lässt sie ihre Mutter wissen: »Ich bin eine geniale Schriftstellerin; ich hab's in mir. Ich schreibe die besten Gedichte meines Lebens; sie werden mir einen Namen machen ...«

Was hat Sylvia Plath bei ihrer größten Prosaarbeit bewogen, das Pseudonym Victoria Lucas zu wählen, das sie zwar nicht als Frau, wohl aber als Person unsichtbar machen sollte? Den großen Erfolg – auch den finanziellen – ihres Romans *Die Glasglocke*, der 1966 unter ihrem Mädchennamen in London von *Faber & Faber* nachgedruckt und sich zwischen 1966 und 1977 mehr als 140.000 Mal verkauft, hat sie nicht mehr erlebt. Auch den Erfolg nicht, als er 1968 in Deutschland, dann 1971 in Amerika veröffentlicht und hüben wie drüben in den 1970er-Jahren zu einem Kultbuch wird, das die Autorin posthum zu einer Ikone der Frauenbewegung macht.

Es waren sehr persönliche Gründe und Rücksichtnahmen, die Sylvia Plath veranlasst haben, nachdem ihr Gedichtband *Der Koloss* im Oktober 1960 unter ihrem Mädchennamen erschienen war, für ihre zweite Veröffentlichung 1963 das Pseudonym Victoria Lucas zu wählen. Erhellend ist ein Brief von Patty Goodwill, einer Freundin aus der Heimat. Sie besucht auf Wunsch ihrer Tante, die eng mit Aurelia verbunden ist, im Januar die kleine Familie in der Fitzroy Road. Patty soll einen Eindruck gewinnen, wie es wirklich um Sylvia und die Kinder steht. Sie ist sich ihrer heiklen Aufgabe bewusst, will ihre Freundin aus Kindertagen nicht verraten und berichtet in ihrem Brief vom 19. Januar 1963 nur das Beste über Sylvias Verfassung und bekräftigt am Endes des Schreibens ihr eigenes Interesse: »In Zukunft werden wir uns jedenfalls sehen, weil sie interessant, amüsant und voller Charme ist«.

Über Sylvias unermüdliche Arbeit als Autorin ist Patty allerdings erstaunt: »Sylvia schreibt immer noch und scheint vor Kurzem einigen Erfolg mit der Veröffentlichung eines Buches gehabt zu haben. Ich weiß nicht, ob das weitergegeben werden darf, ich überlasse es Dir, ob Du Mrs. Plath davon berichten willst. Vielleicht weiß sie es schon. Sylvia schien dieses Thema meiden zu wollen, sie sagte, das Buch sei unter einem falschen Namen veröffentlicht worden – ich habe sie nicht weiter befragt …«

Gegenüber ihrem Bruder Warren wird Sylvia deutlicher, sie lässt ihn am 18. Oktober 1962 wissen, dass ihr »erster Roman angenommen worden« ist, und fügt hinzu, »das ist ein Geheimnis; es ist eine Brotarbeit und keiner darf ihn lesen!, und einen zweiten kann ich fertig schreiben, sobald ich ein Kindermädchen kriege, das hier wohnt.« Alvarez gegenüber bezeichnet sie den Roman als »autobiografische Lehrlingsarbeit« und ergänzt noch etwas Wesentliches: Sie habe ihn schreiben müssen, um sich von ihrer Vergangenheit zu befreien. Kurz nach ihrem Tod wird Alvarez in einer BBC-Sendung das Pseudonym aufdecken. Ihrer Mutter wird Sylvia unter Zuhilfenahme all ihrer rhetorischen Künste ausreden, dieses »belanglose« Buch zu lesen.

Es gibt also vielfältige Gründe, warum Sylvia Plath für ihren ersten Roman ein Pseudonym gewählt hat. Für eine ehrgeizige Autorin wie sie ist der schwerwiegendste, dass sie ihn vor seiner Veröffentlichung für eine minderwertige Arbeit hält. Deshalb weist sie ihn wie einen Groschenroman mit »falschen Namen« aus, damit ihr ›wirklicher Name‹, der mit ihrer Arbeit als Lyrikerin verbunden ist, nicht beschädigt wird. Die Brotarbeit soll Geld einbringen, sonst nichts.

Für einen Menschen, der in hohem Maße von seiner Familie abhängig ist – emotional stärker noch als finanziell –, ist es wichtig, ihr gegenüber loyal zu sein oder so zu erscheinen. Nun ist *Die Glasglocke* aber kein freundlicher Familienroman. Deshalb darf das stark autobiografische Werk daheim »keiner lesen«, weil es insbesondere Mitglieder der eigenen Familie und enge Freunde desavouiert. Silvia Plath will vor allem ihrer Mutter, ihrer Mäzenin Olive Higgins Prouty und ihrem früheren Verlobten nicht als rücksichtslos erscheinen.

Nachdem aber einige gute Besprechungen in großen

Zeitungen erschienen sind, ändert sich ihre Einstellung zu ihrem Erstling; nun ist sie stolz auf ihn. Jetzt kann sie Trevor Thomas gegenüber behaupten, ihre Gedichte – die er nicht kennt – seien nur eine Liebhaberei; ihre eigentliche Arbeit sei es, Romane zu schreiben, und die würden sie berühmt machen.

In einem Radio-Interview aus dieser Zeit erklärt Sylvia Plath, Dichtung »ist eine tyrannische Disziplin, man muss so weit gehen, so schnell, auf so wenig Platz«, dass kein Raum bleibe für Alltäglichkeiten. Dagegen sei die Arbeit an einem Roman befriedigender. »Jetzt, da ich ein – wenn ich so sagen darf – respektables Alter erreicht und Erfahrungen gesammelt habe, reizt mich Prosa so viel mehr«. Den neuen Roman mit dem vorläufigen Titel *Auf den zweiten Blick* fertigzustellen, ist ihre erste Priorität in London. Sie setzt große Hoffnungen in ihn, der, wie sie Alvarez sagt, »viel besser als *Die Glasglocke*« sei, denn »diesmal habe ich wirklich etwas zu fassen.«

Die Glasglocke ist ein Entwicklungsroman, der in seinem Aufbau und in seinem Tonfall stark dem *Fänger im Roggen* von Jerome David Salinger nachempfunden ist, der Sylvia Plath schon beim ersten Lesen begeistert hat. Auch in ihrem Roman setzt sie ganz auf die Stimme eines jungen Menschen, der sich sträubt, jubelnd in die Welt der Erwachsenen einzuziehen. Die neunzehnjährige Esther Greenwood – Greenwood ist der Mädchenname von Sylvias Großmutter – erzählt rückblickend von ihrer vierwöchigen Hospitanz bei dem Modemagazin *Mademoiselle* im Sommer 1953 in New York. Während der vier Wochen wird sich Esther immer mehr von der ehrgeizigen

Studentin entfernen, die sie war. Sie verliert sogar, früher undenkbar, das Interesse daran, auf andere Eindruck zu machen. So verändert, zeigt sich ihr die Welt der Erwachsenen plötzlich als leer und heuchlerisch. Esther scheint es nicht mehr erstrebenswert, in sie aufgenommen zu werden. Sie gerät in eine tiefe Identitätskrise: Sie wird sich selbst fremd. Weder gibt die Arbeit als Volontärin ihr Halt noch beflügeln sie die Verlockungen der Großstadt. Esther fühlt sich, als lebte sie unter einer Glasglocke, die sie mehr und mehr von der Welt trennt. Wieder zu Hause, gewinnt der Gedanke große Macht über sie, ihr Leben zu beenden. Sie nimmt Schlaftabletten, verkriecht sich in einem unterirdischen Kellerverschlag und liegt dort wie in einem Grab, bis ihre Mutter sie findet. Esther kommt in eine staatliche Klinik, wechselt dann, mit Hilfe ihrer Gönnerin, in eine teure Privatklinik. In beiden Kliniken wird sie mit der damals üblichen Elektroschocktherapie behandelt. Der Roman endet offen: Esther betritt den Konferenzsaal, in dem eine Ärzteschaft tagt, die über ihre Entlassung entscheidet. »Alle diese Augen und Gesichter wendeten sich mir zu, und indem ich mich von ihnen wie von einem Zauberfaden lenken ließ, betrat ich den Raum.«

Zwar ist Sylvia Plath in dem Moment, als sie ihren Nachbarn auf die Rezension im *Observer* aufmerksam macht, stolz auf ihren Roman, aber über die guten Kritiken kann sie sich doch nicht richtig freuen. Denn sie hat das Ende so angelegt wie einen Neubeginn, wie den Schritt hinaus in ein zweites Leben. Nach ihrer Lesart steuere der ganze Roman auf »eine Wiedergeburt« zu. Diese lebensbejahende

Botschaft ist Sylvia Plath wichtig, aus autobiografischen Gründen: lebenswichtig. »Jeder sollte zwei Leben haben«, ruft sie dem Leser zu und möchte selbst daran glauben. Kein Rezensent ist ihrer Intention gefolgt, stellt sie bekümmert fest und ist sich sicher, dass keiner von ihnen das Wesentliche ihres Werks begriffen hat.

Ted Hughes, der in der Entstehungszeit der *Glasglocke* Seite an Seite neben seiner Frau gearbeitet hat, äußert sich über ihren Roman mehrfach. In seinem Vorwort zu *Die Tagebücher* von 1982 rechnet er ihn zu ihrer »Lehrzeit«, in der ihr Schreiben »etwas Unreines« und »Nebenprodukt ihrer innerlichen Arbeit« war. In seinem Essay *Über Sylvia Plath* von 1994 stellt er fest: »In dieser Erzählung hat sich die Stimme vollkommen ausgebildet. Sie hatte die psychische Autobiografie der Autorin zu erzählen, den Schöpfungsmythos der Person, die in *Gedicht für einen Geburtstag* erschienen war und laut schreiend weitermachen würde bis hin zu *Ariel* und darüber hinaus.«

Weiter analysiert er: »Im vollen Bewusstsein dessen, was sie da tat, formte sie die Abfolge der Episoden und die verschiedenen Charaktere zu einem rituellen Szenario um den symbolischen Tod der Heldin und deren Wiedergeburt.« Er stellt die Arbeit an dem Roman in einen engen kreativen und zeitlichen Zusammenhang mit den Gedichten: »Ende 1962, während sie die *Ariel*-Gedichte schrieb, korrigierte und schickte sie die Fahnen des Romans ab und sorgte sich um eventuelle Verleumdungsklagen.«

Auch wenn seine Interpretation der Intention Sylvias fast entspricht, verbindet Ted Hughes mit dem Roman doch das Schlimmste. In einem Brief an Aurelia aus dem Jahr 1966 macht er ihn für den Tod seiner Frau verantwortlich. Die ganze Katastrophe sei ausgelöst worden durch die Veröffentlichung dieses »verfluchten Buches« *Die Glasglocke*, »weshalb die Tranquilizer notwendig waren«, die Dr. Horder verschrieb und auf die sie »allergisch« reagierte in einer Art Überreaktion mit Todesfolge.

Ganz kann man Ted Hughes in seinem Gedankengang nicht folgen, denn im Jahr 1961, als Plath an ihrem Roman schrieb, ging keine verheerende Wirkung von dem Stoff aus. Im Gegenteil: Es war eine Zeit großer Kreativität und zielstrebiger Arbeit.

Ihrer Mutter schreibt sie dazu am 21. April 1961: »Ich arbeite wie ein Teufel sieben Vormittage in der Woche im Merwin'schen Arbeitszimmer«. W. S. Merwin überlässt, wenn er abwesend ist, seinem Freund Ted Hughes das Arbeitszimmer im Dachgeschoss. Sylvia Plath macht sich das Zimmer, ohne Absprache mit Merwin, auch zunutze: »Ich habe endlich den Schlüssel zu meinem Glück gefunden: Ich brauche vier bis fünf Stunden, gleich morgens, in denen ich vollkommen frei und ungebunden schreiben kann«. In einem späteren Brief erklärt sie: »Prosa schreiben fällt mir viel leichter; die Konzentration erstreckt sich über ein weites Gebiet und steht oder fällt nicht mit der Arbeit eines einzigen Tages wie beim Gedicht.« Und im Gegensatz zu Lyrik seien Prosaarbeiten »nicht so heftig fordernd oder deprimierend, falls nichts zuwege gebracht« wird. Sylvia Plath benötigt weniger als ein halbes Jahr, um *Die Glasglocke* zu schreiben, und danach nur noch wenig Zeit für geringfügige Überarbeitungen, bis der Roman im August 1961 fertig gestellt ist.

Obwohl Ted Hughes das Erscheinen der *Glasglocke* für den Tod seiner Frau verantwortlich macht und sehr wohl weiß, wie verletzend die Lektüre für Aurelia ist, fragt er sie in einem Brief von März 1970, was sie »inzwischen von einer US-Publikation halten würde«. Er warnt davor, dass sich das Buch in ein paar Jahren »kaum noch verkaufen« würde, wenn es nur noch zu einer »Kuriosität für Studenten« geworden sei. Er selbst brauche Geld, weil er ein neues Haus kaufen möchte und keines seiner zwei, die er besitzt, zu verkaufen wünscht. »Deshalb versuche ich all meine übrigen Vermögenswerte zu Geld zu machen. Und dazu gehört *Die Glasglocke*.«

Diese Informationen stammen von der Biografin Janet Malcolm, die die Verquickung von finanziellen Vorteilen und persönlichen Empfindlichkeiten bei der posthumen Veröffentlichung aller Schriften von Sylvia Plath durch die Erben besonders beleuchtet.

Als der Roman in den USA erscheint, ist Aurelia Schober Plath wütend, sie erleidet eine schwere Herzattacke. In höchster Erregung wendet sie sich an den Verleger: »Fast alle Charaktere in *Die Glasglocke* repräsentieren – oft karikiert – jemanden, der Sylvia geliebt hat; alle diese Personen haben ihr in diesen qualvollen sechs Monaten nach ihrem Zusammenbruch großzügig Zeit, Gedanken, Zuneigung und, in einem Falle, Geld gespendet. Da das Buch unkommentiert vorliegt, verkörpert es die gemeinste Undankbarkeit.«

Stimmen

Das Auffallende ist im Anfang der kaum glaubliche Humor, das Komische, das Infantile, das Clownhafte in dieser neunzehnjährigen Esther Greenwood, die ein Mädchen ist, das lauter Einser hat, alle Preise und Stipendien gewinnt und plötzlich in New York, zwischen Essen, Parties, dummen Küssereien, langsam verunglückt, und sie verunglückt auf eine so unmerkbare Weise, dass man sich selbst nach der dritten Lektüre fragt, wo dieses geheime Unglück anfängt und wie, und ich bin geneigt, es wie alles, was an einem Buch nicht beweisbar ist, für das Beste und Seltsamste zu halten.

Ingeborg Bachmann, 1968,
Entwurf eines Essays über *Die Glasglocke*

Daddy, Daddy, Du Bastard, mit Dir bin ich fertig
Eine Tochter des Zorns

Ursprünglich spielte Sylvia Plath für ihre Gedichtsammlung, die wohlgeordnet in einem schwarzen Klemmhefter auf ihrem Schreibtisch gefunden wurde und ihren Weltruhm begründet hat, mit vier verschiedenen Titeln: einer davon war *Daddy and other poems.* Das namensgebende Gedicht *Daddy* gehört heute zu ihren bekanntesten und ist gleichzeitig das, welches am meisten diskutiert wird. Erich Fried, der Übersetzer der ersten *Ariel*-Ausgabe von 1974, die Ted Hughes nach seinem Gutdünken zusammengestellt hat, merkt schlicht an: »Dieses Gedicht ist meines Erachtens unübersetzbar. Der deutsche Text ist nur der Versuch, einen ungefähren Eindruck zu vermitteln.«

Tatsächlich ist das Gedicht übersetzbar, wie es Erich Fried dann eben doch mit seiner Übersetzung beweist und Alissa Walser Jahre später in der Ausgabe von 2008 zeigt, die der Urfassung folgt, so wie die Autorin sie gewünscht hat. Aber *Daddy* ist nicht eindeutig in seiner Aussage und das hat zu völlig verschiedenen, teilweise konträren Interpretationen geführt. Nur die Stimme des Lyrischen Ich ist zweifelsfrei die eines zornigen Mädchens, das mit dem Vater abrechnet.

Bei allen, die es lesen, löst das Gedicht starke Emotionen aus. Hier klagt eine Tochter an wie vor ihr im Jahr 1919 ein Sohn. Kafkas *Brief an den Vater* und Sylvia Plaths Gedicht *Daddy* sind aus einer persönlichen Qual heraus entstandene Texte, die sehr viele Leser in sehr unterschiedlichen Kulturen angesprochen haben. Deshalb sind beide in die Weltliteratur eingegangen. Trotzdem müssen sie mit Vorsicht gelesen werden: Weder Hermann Kafka noch Otto Plath waren Ungeheuer.

Sylvia Plath schreibt dieses Gedicht in einer ganz besonderen Verfassung: Ihre große Liebe hat sie – gestern erst – verlassen. Jetzt tobt ein Sturm widerstreitender Gefühle in ihr: Im Fieber der Erbitterung verschmelzen Ehemann und Vater. Sie ist aufgebracht gegen beide Männer und zwingt ihre Gefühle in Worte, Zeilen und Strophen.

Sie sitzt allein in ihrem Arbeitszimmer, in dem kalten, meterdicken Gemäuer von Court Green, und ihre beiden Kinder schlafen. Sie schreibt an dem Tisch, den Ted Hughes ihr nach dem gemeinsamen Einzug vor vierzehn Monaten aus Sarglatten gezimmert hat und der so viel Hoffnung barg für sie und die gemeinsame Zukunft.

Der bewunderte und verhasste Ehemann ist in London, weit entrückt mit einer Geliebten. Er führt sich in der Weltstadt so auf, als sei er ein ungebundener Künstler, als gäbe es keine Frau und keine Kinder in Devon. In diesen stillen kalten Stunden tritt ihr Vater in den Vordergrund – nicht, um sie zu trösten, vielmehr reißt er die alte Wunde ihrer Verlassenheit auf.

Sylvia Plath ist jung: sie ist dreißig. Stark sind ihre Erinnerungen an die Kindheit, an die Erziehungsmaßnahmen ihrer Eltern, denen sie sich unterwerfen musste. Die Ermahnungen ihrer Mutter hat sie noch im Ohr, die von ihr forderten, dem Vater über Gebühr Respekt zu zollen und später, als er krank wird, leise zu sein, mit dem jüngeren Bruder nicht zu streiten. Die Anpassung des Kindes an den kranken Erwachsenen verlangte große Disziplin. Und von Otto Plath gelobt zu werden, war für Mutter und Tochter Liebesbeweis und Existenzberechtigung. Alles haben die Frauen dafür getan, den Mann günstig zu stimmen.

Am Tag bereitet die Tochter kleine Geschenke für den Vater vor. Wenn der Abend gekommen ist, darf sie an seinen Tisch treten, an dem er sitzt und kurz aufblickt von wichtigen Büchern und Aufzeichnungen. Jetzt muss es ihr gelingen, dem Vater Interessanteres zu bieten, als seine Bücher es tun. Folgt er ihren Darbietungen mit den Augen, ist sie glücklich und stolz.

Das Mädchen, nur auf das Lob des Vaters wartend, das es für Liebe hält, gerät in eine tiefe emotionale Abhängigkeit. Die daraus resultierende Autoritätshörigkeit ist zeitlebens eine Falle für Sylvia Plath. Für den Leser ist ihre Unterwerfung und gleichzeitige Rebellion gegen den Vater schwer zu ertragen.

Bei aller Vieldeutigkeit ist das Ziel des Gedichtes eindeutig: Es soll die Frau befreien, die es schreibt. Die Dreißigjährige lässt das Mädchen in sich brüllen, laut und aggressiv, dass alle Welt seine Stimme hören kann: »Daddy, mit dir bin ich fertig«. Das Irritierende daran ist nur: Das Mädchen bricht mit einem Toten. Und immer mehr gerät der Leser in den Sog der Macht, die dieser über das Mädchen hat. Deshalb also muss der Tote getötet, umgebracht und vernichtet werden, bis das Mädchen zum letzten Befreiungsschlag ausholen kann.

Um das Drama einer schrecklichen Loslösung deutlich zu machen, erzählt Plath zwei Geschichten. In der dominanteren bedient sie sich vieler Bilder, die aus der jüngeren Geschichte Deutschlands stammen: nämlich aus der Diktatur Hitlers. Die Unterwerfung Polens kommt kurz zur Sprache und die Vernichtung der Juden. Plath ruft die Namen des Arbeitslagers Dachau auf, der Vernichtungslager Auschwitz und Bergen-Belsen. Der Vater wird zu einem »Mann in Schwarz mit *Mein-Kampf*-Gesicht«, er spricht »mit deutscher Zunge«, hat »einen gepflegten Schnauzbart«, Augen »arischen Blaus«, und er ist brutal. Das Lyrische Ich dagegen macht sich klein, verschwindet fast hinter seiner frechen Stimme. Es ist nur ausgestattet »mit meinem Zigeunerblut« und hat »vielleicht was von einem Jud«.

Das Gedicht entwirft in mehreren Strophen einen männlichen Täter und ein weibliches Opfer, einen SS-Schergen und eine Jüdin. Dieser Teil des Gedichts spielt mit historischem Material, um die Abscheu gegen den Vater zu steigern. Das haben Sylvia Plath nicht nur jüdische Leser und Kritiker übel genommen.

Die zweite Geschichte nimmt Elemente archaischer Sagen auf, in denen es um Wiedergänger geht, die ›untot‹ aus ihrem Grab kommen, um sich an einem bestimmten Menschen zu rächen. Ein Mädchen liebt seinen Vater. Da er tot ist, bleibt die Liebe unerwidert. Das Mädchen war zehn Jahre alt, als »man dich begrub«. Zehn Jahre später versucht die nun Zwanzigjährige sich das Leben zu nehmen, weil sie glaubt, »wenn ich einen tötete, tötete ich zwei«. Der Zweite ist der Vater. Der Selbstmordversuch misslingt: »Doch sie zerrten mich aus meinem Sack, / Haben mit Leim mich wieder zusammengepappt.« Da der Vater in der Überlebenden weiterlebt, muss ihm, dem Wiedergänger, wie einem Vampir ein »Pfahl« ins Herz getrieben werden.

Das Gedicht ist fantasievoll und ausfallend in seinen Beschimpfungen. Die könnten von einem kleineren Kind stammen, das es mit der Wahrheit nicht so genau nimmt und immer dann über den Vater schimpft, wenn er weit weg ist und die Beleidigungen nicht hören kann: wenn er – zum Beispiel – tot ist. Lustvoll kann das Kind ihn dann einen »Bastard« nennen, einen »Sack voller Gott«, einen »Satan«, den »Schwarzen Mann« und einen »Vampir«, den man nur los wird, wenn in seinem »fettschwarzen Herzen« ein Pfahl steckt.

Sylvia Plath schreibt dieses Gedicht am Morgen des 12. Oktober 1962, im Laufe des selben Tags lässt sie ihre Mutter wissen: »Es ist *vorüber*. Mein Leben kann beginnen!« Der 12. Oktober hat für die Familie Plath aber noch eine besondere Bedeutung: Es ist der Tag, an dem Otto Plath 1940 das Bein amputiert wurde.

Das Gedicht soll schockieren, der Zweck der ›Vateraustreibung‹ heiligt die Mittel, glaubt Plath. Lachend trägt sie es einer Freundin vor, die zu Besuch gekommen ist, und die stimmt in das Lachen ein. Aber das Gedicht ist kein Scherz. Und die Verdrehung, den Pazifisten Otto Plath als SS-Schergen darzustellen, ist nur psychologisch zu erklären. Der autoritäre Vater wird mit dem autoritären Regime auf eine Stufe gesetzt. Alvarez, dem es mit dem Kommentar vorgelesen wird, es handele sich um »ein paar leichte Verse«, ist »entsetzt«. Welche Wirkung *Daddy* auf die eigene Familie haben muss, verdrängt Plath. Sie glaubt an seine Qualität, die es aller Kritik entheben wird. Nun hat sie seine Veröffentlichung nicht mehr erlebt. Aber mit einem hätte sie nicht gerechnet, dass ausgerechnet Ted Hughes, der seinen Schwiegervater Otto Plath nicht mehr kennengelernt hat, dieses Gedicht nicht erträgt. Denn er ahnt, dass *Daddy* sich auch gegen ihn richtet; zornig verfasst er ein Gegengedicht.

Der Gruß ist ein erzählendes Gedicht aus *Birthday Letters*. Es entwickelt erst einmal seine Geschichte ganz ruhig. Dann aber ergreift es deutlich Partei für den toten Schwiegervater und wirft der Dichterin die Ungeheuerlichkeit ihrer Worte, die Ungeheuerlichkeit ihrer Anschuldigungen gegen den eigenen Vater vor. »Daddy war zurückgekommen, / Um sich alles anzuhören, was du gegen ihn hattest. Er / Konnte es nicht glauben. Woher / Nahmst du diese Worte«?

»Leblos« und »sprachlos« muss sich der tote Vater das anhören, »was bis zum Schaft in ihn hineingestoßen wurde«. Er muss den Pfahl ertragen, der »nicht durch das Herz gebohrt« ist, »sondern senkrecht / Auf dem Marktplatz errichtet, und er daran gebunden, / Splitternackt und gespickt mit jenen Pfeilen, / Die aus dem Erz unsterblicher Dichtung gegossen sind.«

Ted Hughes Kritik ist deutlich: Der tote Vater wird auf dem Marktplatz zur Schau gestellt. Als Toter kann er sich weder gegen seine Entblößung noch gegen die vergifteten Worte seiner Tochter wehren: Lügen, kunstvoll in Dichtung verwandelt, die dem Marktpublikum als Wahrheit verkauft werden. Das Gedicht endet in großer Skepsis: »Geheilt entstiegst du« deiner »Verletzung: dem mit Pfeilen gespickten / Körper deines Vaters. Auch wenn es / Dein Blut war, das auf ihm trocknete.«

Ted Hughes greift hier zu einem besonderen Kunstgriff, er blickt in seinem Gegengedicht in die Zukunft, die aber tatsächlich 1998 bei der Veröffentlichung seines Gedichts längst Vergangenheit ist: Das Blut auf dem Körper des Vaters ist das der sterbenden Sylvia Plath.

Otto Plath wird als groß, gut aussehend und charismatisch beschrieben. Seine äußere Erscheinung ist gepflegt, seine Augen sind von einem starken Blau, seine Gesichtszüge verraten den kühlen Skeptiker. Er ist ganz und gar als Naturwissenschaftler von den Schriften Charles Darwins geprägt und rational bis zur Stupidität.

Als die Dozentin Aurelia Schober den um einundzwanzig Jahre Älteren 1931 näher kennenlernt, ist sie von der starken Persönlichkeit des Biologieprofessors angetan. Seine Lebensziele, der Forschung zu dienen und eine Familie zu gründen, sind auch ihre. Dabei geht die ehrgeizige Frau davon aus, dass die Ehe, die das Paar im Januar 1932 eingeht, vom Grundsatz der Gleichheit geprägt ist.

Doch sie irrt: Ihr Mann bittet sie schon vor der Hochzeit, ihre Tätigkeit als Deutsch- und Englischlehrerin an der Brookline High-School aufzugeben. Zielstrebig bedient er sich ihres Fleißes, ihrer Umsicht und ihrer Begabung zur Ordnung und lässt sie, weitgehender noch als eine wissenschaftliche Hilfskraft, für seine Karriere arbeiten. Für den in ärmsten Verhältnissen aufgewachsenen Mann, der mit fünfzehn – ohne Familie – die Heimat in Grabow bei Schwerin verließ, um in den USA sein Glück zu machen und dem Kriegsdienst zu entgehen, ist es selbstverständlich, dass seine Frau sich seinem Willen unterwirft.

»Als das erste Jahr unserer Ehe zu Ende war, wurde mir klar, dass ich mich eben noch mehr unterwerfen musste, wenn ich ein friedliches Heim haben wollte – und ich wollte es –, obwohl das gegen meine Natur war.« Eine Zeit lang, geblendet von der großen Kompetenz ihres Mannes, führt Aurelia freudig, von großem Wissensdurst angespornt, die ihr übertragenen Recherchearbeiten für die Veröffentlichung seiner Dissertation aus. Daneben erledigt sie die Hausarbeit, versorgt die schon im Oktober 1932 geborene Sylvia und verzichtet auf Besuche von Freunden, da Otto Plath auf Geselligkeit keinen Wert legt.

In der Familie werden alle Bedürfnisse der Arbeit des Vaters untergeordnet, der im Wohn- und Esszimmer auf dem Tisch seine Bücher und Aufzeichnungen ausbreitet. Sylvia und Warren werden von ihrer Mutter in der oberen Etage umhegt, wo sie auch ihre Mahlzeiten einnehmen. Otto Plath wendet sich den Kindern nur abends nach dem Essen zu. Dabei macht er kleine Experimente mit ihnen, um gewisse Thesen über den Greifreflex von Darwin zu überprüfen. Wie er auch vor jedem neuen Jahrgang seiner Studenten eine Ratte häutet, kocht und verspeist. Seinen Studenten will er damit zeigen, wie vorurteilslos ein Wissenschaftler seines Formats sein muss: Und er will sie belehren, wie viele Vorurteile sie selbst noch ablegen müssen, um gute Wissenschaftler zu werden.

Diese Selbstgefälligkeit und Selbstüberschätzung rächen sich. Schon 1936, ein Jahr nach der Geburt von Warren, erkrankt Otto Plath an Diabetes. Er ignoriert erste Beschwerden, als sie stärker werden, weigert er sich, einen Arzt aufzusuchen. Er meint die Diagnose seiner

Krankheit besser als jeder Fachmann zu kennen. Er vertraut den Ärzten nicht, hat er doch den körperlichen Verfall bei einem Kollegen beobachtet, der trotz Behandlung an Lungenkrebs zugrunde ging.

Die leicht zu behandelnde Krankheit schreitet voran, Otto Plath leidet, wird mürrisch und gereizt. Wutanfälle und Schmerzattacken wechseln einander ab. Nun muss sich die Familie seiner Arbeit *und* seinen Launen unterwerfen. Aurelia tut ihr Möglichstes, um die Kinder vom Vater fernzuhalten und ihn von den Kindern. Als umsichtige Ehefrau und liebende Mutter will sie alle Familienmitglieder voreinander schützen. Das stürzt sie in eine tiefe Zerrissenheit, die von nun an zu ihrem Leben gehören wird. Verzweifelt bittet sie ihren Mann, einen Arzt aufzusuchen; sie wird nicht erhört.

In seiner Fakultät wird Otto Plath als der Mann bezeichnet, der alles bekommt, was er will und wann er will. Plath verkündet seinen Kollegen am Tag der Geburt seiner Tochter, dass er nur noch auf einen Sohn warte, der in zweieinhalb Jahren zur Welt komme würde – und diese Voraussage erfüllt sich. Bisher schien es ihm so, der Selbstzweifel für eine Charakterschwäche hält, dass er alle Dinge des Lebens durch Willensanstrengung meistern könne. Nun aber widersetzt sich ihm der eigene Körper; und je schlechter es ihm geht, desto zorniger wird er auf sich und die Welt. Nach einem Zusammenbruch auf der Treppe im eigenen Haus ergreift er die Hände Aurelias und ruft: »Gott weiß, warum ich so verflucht bin«; während sie nur immer denkt, »das Ganze hätte nicht sein müssen.«

Auch Aurelias bemächtigt sich ein ohnmächtiger Zorn,

den sie nicht einmal zeigen darf. Zu nichts ist ihr Mann bereit, was sie für normal und vernünftig hält. Erst in dem Moment der Niederlage, als Otto Plath sich an einem Morgen im Sommer 1940 die kleine Zehe verletzt und sich später am Abend der Fuß schwarz verfärbt hat, lässt er einen Arztbesuch zu. Die ersten zwei Strophen von *Daddy* beziehen sich auf diese Verletzung. Der »schwarze Schuh«, »mit grauem Zeh«, »groß wie ein Frisco-Seehund«, sind Vorboten der todbringenden Krankheit. Denn der ›Brand‹ befällt bald das ganze Bein, und es muss amputiert werden. Otto Plath überlebt die Operation am 12. Oktober 1940, aber sein Lebenswille scheint erloschen, die für ihn gefertigte Prothese würdigt er keines Blickes. Seine Krankheit fasst er als eigenes Versagen auf, und für einen Versager gibt es keine Zukunft. Der Fünfundfünfzigjährige bekommt eine Lungenembolie und stirbt am 5. November.

Das Verschwinden des Vaters, das auch Sylvias achten Geburtstag überschattet und lange vor dem tatsächlichen Tod beginnt, deutet das Kind als Bestrafung für eigenes Ungenügen. Seine Geisteshaltung wirkt in ihr weiter. Bisher hat Sylvia alles dafür getan, den kalten Vater für sich zu erwärmen. In seinen letzten Jahren blieb ihr nur noch die halbe Stunde am Abend, in der sie vor ihm tanzte, Klavier spielte, Gedichte aufsagte oder ihre Zeichnungen präsentierte. Dabei versuchte sie sogar, ihren kleinen, zarten Bruder vor ihm zu übertrumpfen, um seine Anerkennung für sich allein zu haben. Nun ist der Vater tot; die Liebe der Tochter hat ihn nicht am Leben halten können. Sylvias Sucht, sich anderen Menschen als höchst liebenswürdig darzustellen, nimmt hier den Anfang.

Für die junge Familie ist der frühe Tod des alten Vaters eine Katastrophe. Denn seine Lebensversicherung von 5000 Dollar reicht gerade für die Arztrechnungen – gegen eine Krankenversicherung hatte Otto Plath sich aus rationalen Gründen entschieden. Und »da mir mein Mann keine Rente hinterließ, waren wir finanziell sehr eingeschränkt und mussten sehr sorgfältig planen«, erklärt Aurelia Plath viele Jahre später.

Die neue wirtschaftliche Situation verändert das Leben der Familie radikal. Aurelia, die das als Erste begreift, versucht mit aller Macht, die bildungsbürgerlichen Ideale der Vergangenheit aufrechtzuerhalten. Völlig erschöpft von der Pflege ihres Mannes, muss sie schnelle Entscheidungen treffen: das Haus verkaufen, Arbeit annehmen und für die Kinder eine Obhut finden. Auch für Sylvia wird der Alltag rauer und der Druck größer, sich an die neuen Verhältnisse vorbildhaft anzupassen.

Stimmen

Doch die Kunst ist für den Künstler nicht notwendig Therapie; indem er seinen Vorstellungen Ausdruck verleiht, wird er nicht automatisch von ihnen befreit. Eine dem kreativen Schaffen immanente perverse Logik will vielmehr, dass durch den Akt des formalen Ausdrucks dem Künstler das eingebrachte Material nur leichter zugänglich wird. Stellt er es in seinem Werk dar, so kann die Folge durchaus sein, dass er das Geschaffene auch leben möchte.

Alfred Alvarez, 1971

Birthday Letters
Gedichte und Gegengedichte

Bis zum 9. Juli 1962 kümmert sich Ted Hughes liebevoll um seine Tochter Frieda. Seinem Bruder Gerald schreibt er nach der Trennung von seiner Frau: »Mein größter Kummer ist, dass ein Leben, das allen Umständen nach hätte perfekt sein können, sich als so unerträglich erwies und dass die kleine Frieda ihren Vater verliert … Sie war zwei Jahre meine Spielgefährtin und ist ein wesentlicher Teil meines Lebens geworden.«

Mit der Geburt des zweiten Kindes im Januar 1962 verändert sich die Familienkonstellation, für Ted Hughes wird sie »unerträglich«. Während sich Sylvia stillend aufs Innigste verbunden fühlt mit ihrem Söhnchen Nicholas – in »kuhhaftem Glück«, wie sie es selbst nennt –, betrachtet Ted die Symbiose zwischen Frau und Sohn mit größtem Argwohn. Er fühlt sich ausgeschlossen von ihrer Liebe. Dass sie ihre Mutterschaft so genießt und schon von einem dritten Kind spricht, verdrießt ihn.

Ihm scheint jetzt ein Leben ohne Kinder verlockender. Er möchte ausbrechen aus diesem Idyll in Court Green und seiner Wege gehen, die er allein bestimmen kann. Wenn das Paar einmal ungestört ist, kommt es zu aggressiven Auseinandersetzungen, die im Laufe des Sommers immer heftiger werden: eine emotionale Entfremdung setzt ein.

Ted Hughes sinnt auf einen Ausweg für sich und findet ihn bald: Er fährt nach London. Die Abstände zwischen den Reisen werden kürzer, die Aufenthalte in London länger. Sylvia Plath, auch über Nacht mit den Kindern allein, wird misstrauisch. Als sie dann am 9. Juli den Anruf einer Frau entgegennimmt, die ihre Stimme verstellt und nach Ted fragt, glaubt sie, den Beweis für seine Untreue gefunden zu haben. Sie ist davon überzeugt, dass Assia Wevill am anderen Ende der Leitung spricht. Instinktiv begreift sie, dass ihr Mann eine Geliebte in London hat. Im Affekt zerstört sie den Telefonanschluss.

»Das schwarze Telefon ist an der Wurzel gekappt, jetzt kann die Stimme nicht mehr [zu uns] durchdringen«, heißen zwei Zeilen in *Daddy*, die lange Zeit niemand zu deuten wusste. Leser und Kritiker konnten sie nur auf das Missverhältnis zwischen Tochter und Vater beziehen. Denn von der Affäre zwischen Ted Hughes und Assia Wevill erfährt die Öffentlichkeit erst dreizehn Jahre nach dem Tod von Sylvia Plath durch die Biografie *Method and Madness* von Edward Butscher.

Auch das Gedicht *Die Ängstliche* kommt noch einmal auf die Situation zu sprechen: »Diese Frau am Telefon, sagt, sie ist ein Mann, nicht eine Frau«. In den folgenden Zeilen seziert Sylvia Plath Teds Geliebte und unterstellt ihr, dass »sie Babys hassen« würde, weil sie »lieber tot als fett«, lieber »tot und perfekt« sein möchte.

Plath führt eine scharfe Feder gegen Feinde, und Assia Wevill ist schlimmer als eine Feindin: sie ist eine Rivalin. Da Wevill kinderlos ist, kann die junge Mutter über sie in dieser Hinsicht triumphieren. Die ›Unfruchtbarkeit‹ anderer Frauen nutzt Sylvia Plath als Waffe im Konkurrenzkampf gegen mögliche Widersacherinnen. Dabei hat sie in den ersten Jahren ihrer Ehe Angst, selbst unfruchtbar zu sein. Darüber schreibt sie in ihrem Tagebuch: »Aber wie kann ich Ted an mich ketten, wenn ich unfruchtbar bin?«

Im Sommer 1962 leidet sie unter schwerer Eifersucht und versucht, sich, wie viele Frauen vor ihr, an ihrem Mann zu rächen. Und nichts verletzt einen Künstler mehr, als wenn sein Werk zerstört wird. Max Frisch hat darüber in seiner Erzählung *Montauk* Auskunft gegeben, nachdem Ingeborg Bachmann aus vergleichbaren Gründen einen Teil seiner Tagebuchaufzeichnungen vernichtet hatte.

Sylvia Plath hat schon einmal gegen ihren Mann gewütet, als er verspätet von einer erfolgreichen Besprechung für eine Kinderserie mit einer Redakteurin von der BBC nach Hause kam. Voller Freude über die gut bezahlte Arbeit fand er zu Hause all seine Notizen, Gedichtentwürfe und Aufzeichnungen zu einem neuen Theaterstück in kleinste Papierfetzen zerrissen. Jetzt rennt Sylvia, nachdem Hughes ihr seine Liebesbeziehung zu Wevill gestanden hat und nach London aufgebrochen ist, in sein Arbeitszimmer unter dem Dach und reißt »jeden Papierfetzen, den sie herumliegen« sieht, an sich. Sie verbrennt alles, was sie auf seinen Schreibtisch findet. Aurelia bezeugt später »ein riesiges Feuer an Ende des gepflasterten Hofes« von Court Green, dem auch der Nachfolgeroman der *Glasglocke* zum Opfer gefallen sein soll.

Aber nicht jedes Papier, das Sylvia Plath in größtem

Zorn an sich nimmt, vernichtet sie. Als sie im September lange Zeit keine Nachricht von Ted erhält, nicht weiß, wo er sich aufhält und wann er zurück kommt, sammelt sie die Gedichtentwürfe ein, die er zurückgelassen hat. Vorarbeiten ihrer besten Gedichte befinden sich nämlich auf den Rückseiten der Blätter, die Ted Hughes schon mit seinen beschrieben hatte. Die Verlassene bedient sich seiner Gedichte, nimmt sie als Vorlagen und tritt schreibend in einen konkurrierenden Dialog mit dem Abwesenden.

Das hat ihrer Kunst nicht geschadet; es setzt den Dialog fort, der in guten Zeiten zwischen dem Paar mündlich geführt wurde. Inhaltlich muss Sylvia Plath sich nicht auf seine Gedichte beziehen, und es liegt ihr fern, etwas klarzustellen oder für die Öffentlichkeit zurechtzurücken. Sie muss nur bessere Metaphern, dichtere Bilder und einen härteren Ton finden, um ihn zu übertreffen; und das gelingt ihr.

Ganz anders geht Ted Hughes in seinen achtundachtzig Gedichten *Birthday Letters* vor, die in einem Zeitraum von etwa dreißig Jahren entstanden sind. Er bezieht sich inhaltlich auf die Gedichte von Sylvia Plath – einmal wählt er sogar denselben Titel, um den Bezug deutlich zu machen – und zeichnet die gemeinsame Liebes- und Lebensgeschichte chronologisch auf. Dafür nimmt sich Hughes viel Zeit, sehr eindrücklich ist der langsame Fluss seines erinnernden Erzählens. Aber seine Gedichte sind keineswegs gelassen oder verzeihend, wie man das erwarten könnte. Die meisten von ihnen sind ›Gegengedichte‹, angetrieben von einer untergründigen Wut.

Hughes wendet ein altes rhetorisches Stilmittel an, die sogenannte ›Contradictio‹, die Gegenrede, um den

Geschichten, die Sylvia Plath in ihren Gedichten lebendig macht, seine entgegenzusetzen. Damit kann er ihre Sicht auf die gemeinsame Zeit als verzerrt, als nicht ›wahr‹ erscheinen lassen. Durchgängig beschreibt er sie als eine psychisch kranke Frau, die zwar ein Recht auf eine eigene Stimme hat, weil sie »eine geniale Lyrikerin« ist, die aber von ihm als Mann da korrigiert werden muss, wo sie diese Stimme gegen ihn erhebt. Eine solche nachträgliche Korrektur von Gedichten durch einen anderen Dichter hat es in dieser Form in der Literaturgeschichte noch nicht gegeben.

Ted Hughes muss es hinnehmen, dass die Stimme der toten Frau mehr Gewicht hat als seine, die des lebenden Mannes. Nicht nur Feministinnen machen ihm das Leben schwer, auch Journalisten, Kritiker und Biografen. So ist er in *Birthday Letters* bemüht, unantastbare eigene Wahrheiten gegen die Konkurrentin zu etablieren. Dabei hilft ihm das Bild des Dichters als Seher, das er von sich entworfen hat. Denn der ›Seher‹ ist weise und untadelig: er spricht ›wahr‹. Wenn die Leser seiner Stimme glauben, dann ist es sogar vorteilhaft für ihn, dass die Dichterin nicht mehr lebt. Denn im Nachhinein lässt sich alles von ihrem schrecklichen Ende her aufrollen und erklären.

Eines dieser Gedichtpaare, das sogar den gleichen Titel trägt, ist *Der Kaninchenfänger*. Sylvia Plath schloss ihr Gedicht am 21. Mai 1962 ab – einen Tag, nachdem sie ihren Mann und Assia Wevill in der eigenen Küche beim Küssen überraschte – und hat es an die dritte Stelle der *Ariel*-Sammlung gestellt. Ted Hughes hat es in der ersten Veröffentlichung von *Ariel* gestrichen, die er im Sommer 1965 publizieren lässt, und durch *Schaf im Nebel* ersetzt, ein melancholisches Gedicht voller Todesahnung. *Der Kaninchenfänger* von Plath ist erst nach seinem Tod, als der ursprünglichen Anordnung gefolgt wurde, an den vorgesehenen Platz in die *Ariel*-Sammlung gestellt worden.

Ted Hughes, der die Veröffentlichung des für ihn »persönlich aggressiven« Gedichts erst einmal verhindert, kann aber nicht unterbinden, dass Alfred Alvarez den *Kaninchenfänger* ungefragt am 7. Februar 1965 im *Observer* abdrucken lässt. Denn Sylvia hatte ihm schon am 30. Juni 1962, kurz nach Fertigstellung, ein Konvolut von sechs Gedichten zum Abdruck überlassen, eines davon war eben dieses.

Das Gedicht, das Hughes auf keinen Fall gedruckt sehen will, erscheint also noch, bevor er *Ariel* auf den Markt bringen kann. Das ärgert ihn maßlos, denn er will die Oberhoheit über Sylvias Werk besitzen. Der Groll gegen den Freund Alvarez nimmt hier seinen Anfang und wird sich 1971 in einer gerichtlichen Auseinandersetzung niederschlagen.

Erst Jahre später kann sich Hughes dazu entschließen, eine Gedichtsammlung zusammenzustellen, die Sylvias Lyrik von 1956 bis 1963 umfasst. *The Collected Poems* erscheint 1981, diese Ausgabe enthält nun auch den *Kaninchenfänger* und andere für den Herausgeber verletzende Texte.

Beide, das von Plath und das von Hughes, sind hässliche Gedichte: beide sprechen von Gewalt. Sylvias hat dreißig Zeilen, Teds mehr als doppelt so viele. Ihres läuft als Naturgedicht konzentriert und hart auf die Erkenntnis zu, selbst in einer Falle gefangen zu sein und darin grausam zu sterben. Es endet mit den Zeilen: »Und wir, auch wir hatten eine Beziehung. / Wir waren fest verdrahtet, / Die Wurzeln zu tief, um ausgerissen zu werden, und ein Wille wie ein Ring. / Der sich zusammenzog um irgendein flüchtiges Ding – / Auch mich tötete diese Umschlingung.«

Das Gedicht von Hughes schildert episch – es könnte auch ein Prosatext sein – und mit sehr vielen persönlichen Details einen Familienausflug, der vom Anfang bis zum Ende unter höchsten Spannungen verläuft, die von seiner Frau ausgelöst werden. Er ist dabei der Passive: »Ich trottete nur als Beiwerk nebenher, trug die Kinder«. Sie ist die Furie mit dem »Gesicht aus Eisen«, das auf »ein Schlachtfeld« eines Krieges starrt, »der nicht von dieser Welt« ist. »Als wir die Kinder fütterten, / War dein finsterer germanischer, wie unter einem Helm verdunkelter Blick / Noch immer verschlossen«. In wenigen Sätzen verteilt der Dichter die Rollen von Mann und Frau. Der Leser weiß sehr bald, was er von ihr im Weiteren zu erwarten hat, denn der Dichter sagt es ihm in der zwölften Zeile: »Sie macht bestimmt etwas Verrücktes«.

Die Frau fährt mit der Familie ans Meer, dort angekommen, gefällt es ihr nicht. Sie geht weg, der Mann läuft ihr »hinterher wie ein Hund«. Sie kommen in einen Eichenwald, in dem Kaninchenfallen ausgelegt worden sind. Unter dem Ruf »Mörder« zerstört die Frau die Fallen. Der Mann wirft ihr vor, »die Heiligkeit einer Schlingfalle geschändet zu haben«. Er ist »entsetzt« über ihren Hochmut, der den armen Fallenstellern einen kleinen Verdienst missgönnt. Er unterstellt ihr, dass sie »sich keinen Deut um Kaninchen« schert, sondern nur die Furien in ihrem Inneren gegen ihn aufhetzt. Was Ted Hughes wirklich empört, enthüllt er erst in den letzten Zeilen: »Diese furchtbaren, überempfindlichen / Finger deiner Verse schlossen sich darum und / Fühlten, dass es noch lebte. Die Gedichte, wie dampfende Eingeweide, / Glitten dir weich in die Hände.«

Es sind also *ihre* Verse, die Ted Hughes so aufbringen; er findet sie furchtbar, ihre hohe Sensibilität empfindet er als krankhafte Überempfindlichkeit. Außerdem scheint ihn zu ärgern, dass ihr die Verse weich und leicht in die Hände gleiten, während er sich beim Schreiben abmühen muss. Indem er dann aber ihre Gedichte mit dampfenden Eingeweiden vergleicht, stellt er sie in einen Zusammenhang mit dem Töten und Ausweiden eines Tieres, dessen nicht verwertbare Eingeweide als Unrat weggeworfen werden.

Die ›ungeratenen‹ Gedichte seiner Frau reizten ihn, Gegengedichte zu schreiben, in denen er der Öffentlichkeit den ›wahren‹ Sachverhalt enthüllen kann. Das erklärt seine untergründige Wut, die in *Birthday Letters* oft herauszuhören ist.

Nach dem Tod von Sylvia Plath, als Journalisten und Literaturkritiker beginnen, sich ›maßlos‹ für sie zu interessieren, ist Ted Hughes größter Kampf, die persönlichen Verhältnisse seiner Familie »der Meute« nicht preiszugeben. In *Birthday Letters* legt er aber die von Sylvia Plath offen, oftmals entblößend und in einer Weise, wie er es einem Biografen umgekehrt niemals gestattet hätte. Einige seiner Gedichte entlarven sie mit einer Brutalität, die abstoßend wirkt; andere sind von ausufernder Banalität, die eine Rechtfertigung an die nächste reiht.

Auf die Passage in *Der Kaninchenfänger* von Plath, die die Verquickung sexueller Lust und der Lust am Töten beschreibt – der schwerwiegendste Vorwurf, den die Dichterin den Fallenstellern macht –, geht Ted Hughes bemerkenswerterweise nicht ein. Zu deutlich weisen die Zeilen auf seine Jagdlust hin, der er sich seit seiner Kindheit hingibt. »Ich spürte Hände um einen Becher Tee, / abgestumpft, dumpf / Umfingen sie weißes Porzellan. / Wie sie ihn erwarteten, diese kleinen Tode! / Wie Liebhaberinnen warten. Sie, die ihn erregten.«

Als Sylvia Plath das Gedicht schreibt, ist Nicholas vier Monate alt. Von diesem ›kleinen Mann‹ geht eine Sanftmut aus, die die Mutter tief befriedigt. Mit Hingabe stillt sie den Sohn, während der Wunsch nach sexueller Hingabe zurücktritt. Die leidenschaftliche Art, in der sich Teds Verlangen ausdrückt, das Sylvia früher höchst anziehend fand – in ihren Briefen an Aurelia prahlt sie sogar mit seiner ungezähmten Männlichkeit –, scheint sie nun abzustoßen.

Der Kaninchenfänger von Sylvia Plath zeichnet sich durch hohe Stilsicherheit und Präzision aus bei einem vielschichtigen Stoff. Das Gedicht gibt Aufschluss über innere Bilder sexuellen Verlangens und darüber, wie diese Bilder sich im Laufe eines Lebens verändern und in einem reiferen Stadium anders bewertet werden.

Sylvia ist lange Zeit fasziniert von der Figur des Wildhüters Oliver Mellors in *Lady Chatterley*; immer wieder liest sie den Roman von D. H. Lawrence, um sich »aufstacheln« und »anfachen« zu lassen. Doch nun ist der Zauber erloschen, der bislang von einem solchen Mann für sie ausging. Dazu vermerkt sie im Tagebuch: »Glückseligkeit einer Frau, die mit ihrem eigenen Wildhüter lebt … Warum habe ich das Gefühl, ich hätte Lawrence verstanden und geliebt. Wie viele Frauen empfinden so und täuschen sich!« Auch der Wunsch, »Ted muss ein Patriarch sein können«, den sie vor ihrer Ehe ihrem Tagebuch anvertraut, gehört der Vergangenheit an, sie hat ihn überwunden. Durch die Erfahrungen mit ihren kleinen Kindern, insbesondere mit ihrem Sohn, verändert sich ihr Männerbild grundlegend. Jetzt sind es Fürsorge und Verlässlichkeit, die sie von einem Mann erwartet, die aber Hughes nicht mehr bereit ist aufzubringen für seine Familie.

Stimmen

Wenn zwei echte, ehrgeizige, hauptberufliche Dichter eine Ehegemeinschaft gründen und beide produktiv sind, wird jedes Gedicht, das der eine schreibt, im anderen das Gefühl wecken, es sei aus seinem eigenen Hirn ans Tageslicht gezerrt worden. Wenn man auf einer gewissen Höhe schöpferischer Intensität angelangt ist, empfindet man die Untreue der Muse, die sich mit dem Partner einlässt, als unzulässiger als die Untreue des Partners – oder der Partnerin – mit einer ganzen Armee von Verführern.

Alfred Alvarez, 1971

Er ist ein gewaltiger Adam
Die Gezähmte und der Wilde

»Dann geschah das Schlimmste, dieser große, dunkle, wunderbare Kerl, der Einzige, der groß genug war für mich, der sich auf die Frauen stürzte und nach dessen Namen ich mich erkundigt hatte, gleich als ich ins Zimmer trat, ohne dass mir jemand eine Antwort gegeben hatte, kam herüber und schaute mir tief in die Augen, und es war Ted Hughes.«

Diese Zeilen könnten der Anfang eines Liebesromans sein; spannungsgeladen und auf den Höhepunkt zutreibend, heißt es weiter: »Ich stampfte auf den Boden, und er stampfte auf den Boden, dann küsste er mich, Knall, Boing auf den Mund«. Hier erlaubt die Familie Hughes keinen weiteren Abdruck aus dem Tagebuch, erst nach einer Auslassung geht die Episode weiter: »Und als er meinen Hals küsste, biss ich ihn heftig und lang in die Wange, und als er aus dem Zimmer ging, lief ihm Blut übers Gesicht«. Der Absatz endet: »Und innerlich schrie ich und dachte: Ach, dir geb ich mich nur berstend im Kampf hin. Der einzige Mann, seit ich auf der Welt bin, der Richard hinwegfegt.«

Sylvia Plath lernt Ted Hughes am 25. Februar 1956 auf einer Party in Cambridge kennen, die in einem der Pubs von Falcon Yard von den Autoren der Lyrikzeitschrift *St Botolph's Review*, zu denen auch Hughes gehört, veranstaltet wird. Zwar hat Plath noch kein Foto von dem Fünfundzwanzigjährigen gesehen, aber sie kennt einige seiner Gedichte – und manche von ihnen sogar auswendig. Und da seine Lyrik sie sehr angesprochen hat, ist ihre Fantasie schon vor der ersten Begegnung in ›Brand gesetzt‹. Denn seit einigen Jahren ist sie mit nichts mehr beschäftigt, als den richtigen Ehemann zu finden. Lange Passagen in ihrem Tagebuch und im Briefwechsel mit Aurelia zeugen von diesem Drama, das ihr die Männersuche bereitet. Beim Aufbruch nach Cambridge verspricht sie sogar ihrer Mutter, nicht eher in die USA zurückzukehren, als bis sie verheiratet ist.

Bevor Sylvia Plath zu der Party geht, weiß sie schon, was sie zu tun hat: Sie legt ihre silbernen Ohrringe an, schminkt sich den Mund grellrot, wählt zu der Farbe des Lippenstifts die passenden Schuhe und schmückt ihre Frisur mit dem roten Haarband, das sie besonders mag. Für eine Studentin hat sie sich, wie so oft, auffallend hergerichtet; viele ihrer Kommilitonen empfinden Ressentiments gegen das Auftreten »der aufdringlichen Amerikanerin«.

Als sie den Pub betritt, hält sie sofort Ausschau nach einem charismatischen Mann, denn so lebt Hughes bereits in ihrer Vorstellung. Seit Langem schon taxiert Sylvia Plath Männer mit männlichem Blick. Trotzig vermerkt sie in ihrem Tagebuch: »Also probiere ich wie ein Mann zu sein: der sich Sex einfach nimmt, oder auch nicht, mit dieser oder jener. Jetzt herrscht Gleichstand.« Auf den »Gleichstand« ist sie stolz, obwohl die wahllosen Affären sie oft in Bedrängnis bringen.

Ihn, den Auserwählten, findet sie sogleich, denn er ist »der Einzige« im Raum, der »groß genug« für sie ist. Sylvia Plath leidet unter ihrer Körpergröße von einem Meter siebenundsiebzig, sie empfindet sich als Riesin. Zu Ted Hughes, der drei Zentimeter größer ist als sie, schaut sie auf, als sei er ein »Gott«. Hughes äußert sich später über Sylvias Beschreibung: Er findet sie »lächerlich übertrieben«. Dabei tut er so, als wisse er nicht, dass die Übertreibung zu ihrem Wesen gehört, zu ihrer Art, die Welt wahrzunehmen, die aufs Engste verknüpft ist mit ihrem Schreiben, das er für genial hält.

Mit dem ersten Blick auf Ted Hughes beginnt Sylvia Plath gleichzeitig den Mythos ›Mann‹ festzuschreiben. Tatsächlich hat sie nach der Begegnung vor, einen Roman, der ihr ständig vorschwebt, in Falcon Yard beginnen zu lassen. Denn, was sie auch erlebt – der Anlass kann alltäglich sein –, ihr tief verinnerlichter Anspruch an sich selbst als Schriftstellerin ist: »Ich muss darüber schreiben, beschreiben wie es war, bevor es mich mitriss.«

Sylvia Plath erlebt viele Situationen in einem doppelten Sinn: als Frau unmittelbar und als Autorin auf der Suche nach ›Stoff‹. Dabei soll das, was sie schreibt, groß, wahr und endgültig sein. Diese Mythenbildung geht mit Stilisierungen einher, die eine unreife Seite ihrer Persönlichkeit zeigen. Ihrer Mutter schreibt die Dreiundzwanzigjährige: »Ich habe den stärksten Mann der Welt kennengelernt, Ex-Cambridge, ein brillanter Lyriker, ein großer, massiger, gesunder Adam«. Er hat »eine Stimme wie der Donner Gottes – ein Sänger, Geschichtenerzähler, Löwe und Weltwanderer, ein Vagabund, der nie angehalten wird.«

Die Überschätzung des Geliebten schließt die eigene nicht aus, ihrem Bruder Warren teilt Sylvia mit, Ted sei der »einzige Mann, der mir ebenbürtig ist«. Noch einmal bezeichnet sie ihn als »gewaltigen Adam«. Sylvia sieht in ihm und sich selbst das Urpaar der Menschheit: Adam und Eva. Obwohl sich schon bei der ersten Begegnung zwischen ihnen etwas seltsam Gewalttätiges abspielt, will sie den Mann heiraten und Kinder mit ihm haben. Seine Gewalttätigkeit – er reißt ihr beim ersten Kuss das rote Haarband vom Kopf und nimmt ihre Ohrringe als Pfand an sich – erhöht den Reiz seiner Männlichkeit. »Er ist ein Zerstörer von Dingen und Menschen«, vertraut sie ihrer Mäzenin an. In seiner Aura fühlt sich Sylvia aber sicher; sie glaubt, dieser Mann werde sie schützen und die minderwertigen Männer wie Richard Sassoon hinwegfegen.

Der Konkurrenzgedanke und das Gefühl, sich in einem ständigen Wettkampf bewähren zu müssen, zieht sich wie ein roter Faden durch Sylvias Leben. Er betrifft alle Lebensbereiche und unterwirft Dinge und Menschen einem hierarchischen System. Aus diesem Grund vielleicht ist das Geschlechterbild Sylvia Plaths lange Zeit überzeichnet: Der starke Mann triumphiert über den schwachen, die fruchtbare Frau über die unfruchtbare. Die geniale Dichterin überflügelt die unbegabte, die ausgezeichnete Studentin die mittelmäßige. Obwohl Plath ein Leben als Autorin führen will, setzt sie alles daran, schwanger zu werden. Denn sie glaubt, durch ihre biologische Fruchtbarkeit werde ihre kreative befördert. Viele Entscheidungen, die sie unter diesem Druck trifft, sind katastrophal. Denn dem Wettkampf fallen nicht nur gute

Freunde zum Opfer, sondern auch die große Liebe und am Ende die Frau, die ihn ficht.

Hoch problematisch ist das Weltbild der jungen Frau, in dem es nur Sieger und Verlierer gibt. Der gebildete, kluge und sehr wohlhabende Richard Sassoon, den Plath im April 1954 kennenlernt und mit dem sie die längste Liebesbeziehung vor ihrer Ehe verbindet, löst in ihr quälende erotische Fantasien aus. Eine davon ruft ein absonderliches Bild in ihr hervor: Wenn sie Richard heiraten würde, wäre sie der große Frauenkörper, der von ihm, »einem summenden, verzauberten Insekt vergewaltigt« würde. Dann müsste sie »tausend kleine Eier« legen.

Richard ist lange Zeit »der Einzige, mit dem ich ein gemeinsames Kind ertragen könnte. Und doch. Ich habe auch Angst, dass es verkrüppelt sein könnte, ein Kretin, der finster und hässlich in meinem Bauch heranwachsen würde, wie diese alte Verderbnis, von der ich immer fürchtete, sie könne hinter meinen blubbernden Augäpfeln hervorbrechen«. Diese Vorstellung vom Zeugungsakt zwischen einer starken, gesunden Frau mit einem Mann, der »dünn, nervös, klein, launisch und kränklich« ist, der nur durch seinen Intellekt glänzt, hat etwas Darwinistisches.

Sylvia Plath weiß, dass sie noch immer das Erziehungskorsett trägt, in das ihre Eltern sie eingeschnürt haben. »Mir wurde zu viel Bewusstsein eingeimpft, ich kann mich über keine Regel hinwegsetzen, ohne dass die Folgen katastrophal wären; ich kann mich bloß voller Neid an die Grenze lehnen«. Aber dieses Mal überschreitet sie die Grenze und tut für eine Frau etwas sehr Untypisches: Sie markiert den Mann, den sie ›will‹, bei der ersten Begegnung als ihren Besitz. Die Bisswunde, die Ted Hughes nach dem 25. Februar als Narbe im Gesicht trägt, soll allen Konkurrentinnen zeigen: Dieser Mann gehört ihr. Wie Männer sich brüsten, eine bestimmte Frau defloriert, so ist Plath stolz, Ted gebissen zu haben. Seine untergründige Gewalttätigkeit, die sie sofort wahrnimmt, stachelt ihre eigene an.

Ted Hughes ist noch nach dem Tod seiner Frau davon überzeugt, »dass uns das Sonnensystem an diesem Tag vermählte«. Die Astrologie beschwörend, nennt er in seinem Gedicht *St. Botolphs* die Koordinaten der Sterne, die zu seiner und Sylvias Vermählung am 25. Februar 1956 im Tierkreiszeichen der Fische geführt haben. Für ihn ist die Verbindung zur Natur, zum Kosmos groß und zwingend. Bei wichtigen Lebensentscheidungen befragt er die Konstellation der Sterne, in seiner Dichtung nimmt die Astrologie einen bedeutenden und deutenden Platz ein. Mit einem christlichen Gott oder gar dem »Adam« aus der Bibel hat er wenig zu schaffen.

Im Gegensatz zu Sylvia Plath kommt Ted Hughes aus einem Elternhaus, in dem es »kaum Bücher« gibt. Seine Mutter, keltischer Abstammung, arbeitet als Schneiderin, sie ist der Mittelpunkt der Familie. Mit ihrer klangvollen Stimme und dem einzigartigen Dialekt von West Yorkshire fesselt sie ihre Zuhörer, wenn sie ihren Kindern oder Nachbarn von Geistererscheinungen und rätselhaften Todesfällen im Moor erzählt. In der Familie Hughes wird nicht vorgelesen, sondern erzählt. Ohne es zu wissen, wird hier die Tradition der ›Oral Poetry‹ gepflegt, die auf Ted großen Eindruck macht. Der Vater, von Beruf

Holzarbeiter, betreibt später einen kleinen Tabakladen. Er wird als zurückhaltend und freundlich beschrieben; seine Frau ist die Wortgewandte, er der Schweigsame.

Die drei Kinder werden viele Stunden am Tag sich selbst überlassen; die beiden Älteren erziehen den Jüngeren. So schließt sich Ted dem vier Jahre älteren Gerald auf Streifzügen durch die Wildnis an. Dessen Lebensinhalt besteht »darin, mit einem Gewehr an den Berghängen auf Pirsch zu gehen. Mich nahm er als Apportierhund mit, und ich musste in alle möglichen und unmöglichen Winkel kriechen, um Elstern, Eulen, Kaninchen, Wiesel, Ratten und Brachvögel einzusammeln, die er geschossen hatte. Mir konnte er gar nicht genug schießen.«

Auch der ältere Bruder ist ein großer Erzähler, er verwandelt »seine Jagdwelt in einem Indianermythos – steinzeitlich«. Der kleine Ted hängt an seinen Lippen und sagt als Erwachsener: »Ich lebte seinen Traum«.

Essbare Tiere werden bei der Mutter abgeliefert, sie sind eine willkommene Abwechslung auf dem Speisezettel der Familie. Kleineren Pelztieren wird das Fell abgezogen, das ein wenig Geld einbringt. Die unzähligen Singvögel, die in Teds Fallen gehen, werden aufgereiht und mit Stolz gezählt. Seine Tagebücher aus jener Zeit »enthalten nichts als die Listen meiner Beute.« »Alles, was sich bewegte«, ist für den Jungen interessant, auch winzige Rotkehlchen und Zaunkönige, die keinem anderen Zweck dienen als der Lust am Töten. Je älter der Junge wird, umso stärker empfindet er das Jagen als einen heiligen Akt.

In seinem Essay *Wie Dichtung entsteht* konstruiert Ted Hughes einen Zusammenhang zwischen dem Töten von Tieren und dem Schreiben von Gedichten, und er schwört, mit fünfzehn das Töten zugunsten des Schreibens aufgegeben zu haben. In einem späteren Interview setzt er sein Alter herauf: »Bis zum Alter von siebzehn oder achtzehn waren Schießen und Fischen und meine Beschäftigung mit Tieren sozusagen mein Leben«. Er offenbart: »Abends spielte ich auch immer mit meinen Freunden und trieb mich mit ihnen in der Stadt herum. Aber an den Wochenenden zog ich alleine los. Ich führte ein Doppelleben.«

Sein Leben lang kommt Ted Hughes von Geralds Traum nicht los. Immer wieder, auch als er bereits mit Sylvia verheiratet ist, schlägt er dem älteren Bruder vor, eine Nerzfarm zu kaufen, um Geld zu machen. Hätten sie nach einigen Jahren ausgesorgt, könnten sie ihr altes Jagdleben erneut aufnehmen. Ted möchte Gerald, der nach Australien ausgewandert ist, wieder nah bei sich haben. Die Sehnsucht, ein Leben in enger Kameradschaft mit ihm zu verbringen, ist groß. Viele literarische Helden, die Ted Hughes geschaffen hat, führen das ersehnte Leben als ›edle Wilde‹, das ihm verwehrt bleibt.

Sylvia Plath entwickelt sehr früh eine »Bluthysterie«, schon der Anblick eines verwundeten Tieres ist für sie unerträglich. Als sie kurz nach ihrer Hochzeit die Familie ihres Mannes in Yorkshire besuchen, findet sie bei einem Spaziergang im Heidekraut ein schwer verletztes Moorhuhn. Ted tötet das Tier, um ihm ein langsames Verenden zu ersparen. Sylvia reagiert wie unter einem »Elektroschock«, sie wütet gegen ihren Mann. »Mir ging auf«, sagt Hughes später, »dass ich keinen Vogel und kein

Tier mehr töten wollte, überhaupt kein Lebewesen, nie mehr.«

Der Vorgang wiederholt sich in ähnlicher Weise in Boston, der Heimat Sylvias. Sie gibt der Geschichte in ihrem Tagebuch viel Raum. Bei einem Spaziergang findet Ted vor einem Baum »auf dem nackten Boden ein Vogelbaby, das aus dem Nest gefallen« ist und »wie im Todeskampf« mit den Flügeln zuckt. »Mich machte das ganz krank, dass es so verletzt war, mir wurde übel«. Ted, Sylvias innere Qual erkennend, »barg es in seiner Hand« und »trug es nach Hause«. Der Mann, der ohne Not Tausende gesunde Vögel getötet hat, pflegt nun Tag und Nacht mit seiner Frau zusammen den Jungvogel. Doch dem Tier ist nicht zu helfen, es siecht vor sich hin, und jetzt wünscht Sylvia sich nichts »mehr, als dass wir das kränkliche Vögelchen loswürden«. Nach einer Woche vergeblicher Mühe tötet Hughes es mit Gas. Auch er, so glaubt Sylvia, kann den Anblick nicht mehr ertragen.

Ehe Ted Hughes im Sommer 1962 regelmäßige Reisen nach London unternimmt, um »der erstickenden Nähe« in Court Green zu entfliehen, nimmt er schon Anfang des Jahres das Jagen wieder auf. Nun kommen Hasenpfeffer und Kaninchenragout regelmäßig auf den Tisch, ab Mai gibt es zwei Mal die Woche frische Forellen. Mit dem geübten Auge eines Jägers hat Hughes beim Kauf des Hauses sicher auch diese Möglichkeit mitbedacht, seiner Jagdleidenschaft in Devon wieder nachgehen zu können.

Bevor er eine neue Liebesbeziehung eingeht, schafft er sich schon einen Freiraum in der Wildnis: Jagen ist für ihn immer ein Rückzug aus der Gesellschaft. Dieses

Mal ist es aber einer von Frau und Kindern, der so große Auswirkungen auf sein Leben haben wird, wie ihm niemals in den Sinn gekommen wäre.

Sylvia Plath muss schon im Mai die Unruhe ihres Mannes und sein wieder auflebendes Verlangen nach einem ›wilden‹ Leben, nach entfesselter Sexualität, gespürt haben. Die stillende Frau sieht, bevor der Mann sie wirklich verlässt, die Zukunft voraus: Ihr Gedicht *Der Kaninchenfänger* bezeugt ihre Hellsichtigkeit. Sein Jagdfieber ist wieder entfacht: »Wie sie ihn erwarteten, diese kleinen Tode! / Wie Liebhaberinnen warten. Sie, die ihn erregten.«

Stimmen

Sie behielt etwas Schülerinnenhaftes und löste sich nicht vom Konkurrenzdenken der Preiswürdigkeiten, Gewinnchancen, verkleinerte so selber ihre eigene Begabung, integrierte sich brav in die herrschende Zensurenstimmung: Das tut weh, denn ihr Talent war wild und unabhängig.

Gabriele Wohmann, 1979

Um noch aus dem letzten Krümel eine Eruption zu machen
Das fehlende Testament

Sylvia Plath hat sich in ihrem Leben nichts sehnlicher gewünscht, als eine große Schriftstellerin zu werden. Über alle Maßen ist ihr Wunsch in Erfüllung gegangen – aber erst nach ihrem Tod. Schon am 17. Februar, dem Sonntag nach ihrem einsamen Sterben in der Fitzroy Road, beginnt Alfred Alvarez sich für ihren Nachruhm einzusetzen. Im *Observer* schreibt er, Sylvia Plath sei »ein völlig neuer Durchbruch in der modernen Lyrik« gelungen; er preist sie an als »die begabteste Dichterin unserer Zeit«. Trauernd fügt er hinzu: »Der Verlust für die Literatur ist unermesslich«.

Vier ihrer letzten Gedichte werden auf der selben Seite neben seinem Nachruf präsentiert und rufen eine Flut von Leserbriefen hervor. Alvarez ist der erste Literaturkritiker, der in den Medien einen Zusammenhang herstellt zwischen den veröffentlichten Gedichten und der Protagonistin Esther Greenwood aus dem Roman *Die Glasglocke*, der kurz zuvor erschienen ist. Damit macht Alvarez die Öffentlichkeit darauf aufmerksam, dass hier eine Autorin nicht nur in ihren Gedichten einen ganz neuen Ton angeschlagen hat, sondern auch Verfasserin eines eigenwilligen Romans ist, der sich mit der existenziellen Frage auseinandersetzt, ob sich ein Verzweifelter selbst aus seiner Drangsal befreien kann oder ob er unwiderruflich auf die Hilfe der Psychiatrie angewiesen ist und welcher Mittel sich diese bedient.

Von Anfang an wird das Werk von Sylvia Plath als Bekenntnisliteratur gelesen und ein starker autobiografischer Bezug vermutet. Zu diesem Verständnis hat Alvarez beigetragen, obwohl er am 17. Februar die Umstände, die zu ihrem Tod geführt haben, nicht preisgibt. Die Leserinnen und Leser aber, bekannt gemacht mit Sylvia Plaths Werk, vertrauen ihrem eigenen Kompass. Sie sind überwältigt von der Intensität ihrer Sprache und besonders ihrer Metaphern. Erwartungsvoll, wie auch die Presse, hoffen sie auf weitere posthume Veröffentlichungen.

Als zwei Jahre nach der *Glasglocke* die Gedichtsammlung *Ariel* herauskommt, erregen die Gedichte so viel Aufmerksamkeit, weil sie im engsten Zusammenhang mit Sylvias Freitod gelesen werden, der nun bekannt ist. Die Leser glauben, durch die Gedichte etwas zu erfahren über den Tod selbst, als hätte Sylvia Plath sie schon aus der anderen Welt geschrieben, zu der sie als Lebende keinen Zugang haben. Die Frage, welche Erfahrungen Sterbende machen und wohin sie im Tod gehen, ist ein Menschheitsthema. Da Sylvia sich ganz bewusst in das Grenzland zwischen Leben und Tod begeben hat, vermuten die Leser, über dieses ›Zwischenreich‹ von ihr Wichtiges zu erfahren. Zu allen Zeiten haben Menschen der Kunst viel zugetraut: dass nur sie über existenzielle Fragen Aufschluss gibt, die sonst unbeantwortet bleiben.

Im Grunde genommen hat Ted Hughes nicht an dem Genie seiner Frau gezweifelt. Und doch hat er bis zu ihrem Ende immer in der Gewissheit gelebt, der Erfolgreichere von ihnen beiden zu sein. Jahrelang hat er wie ein Arzt oder Lehrer ihre Tage geregelt, wenn Sylvia Plath durch schwere Depressionen mutlos geworden war. Er hat Listen mit Namen von Autoren für sie zusammengestellt, die sie lesen, ihr Themen vorgegeben, die sie als Prosaskizzen ausarbeiten und ihr fremdsprachige Texte vorgelegt, die sie übersetzen sollte. Gewissenhaft hat sie die Listen abgearbeitet, mit dem Ziel, ihr Schreiben zu schulen, ihre verschütteten kreativen Kräfte an die Oberfläche zu locken. Diese Maßnahmen, von dem einen verordnet, von der anderen ausgeführt, haben keinem von ihnen zur Ehre gereicht.

Man ist an Leonard Woolf erinnert, der nach mehreren Nervenzusammenbrüchen seiner Frau Virginia einen detaillierten Plan für ihren Alltag aufstellt, um für sie optimale Arbeitsbedingungen zu schaffen und sie vor Überforderung zu schützen. Niemals aber hätte Leonard Woolf die Respektlosigkeit begangen, in die Arbeit seiner genialen Frau einzugreifen.

Sylvia Plath geht, unbewusst ihre Mutter nachahmend, in ihrer vorauseilenden Unterwerfung noch weiter: Sie vernachlässigt zeitweise ihr Werk, tippt Manuskripte von Hughes ab und macht sie versandfertig. Als Agentin für seine Texte hat sie größeren Erfolg als mit ihren eigenen. Obwohl sehr ehrgeizig, verlässt sie oft der Mut, für sich selbst zu kämpfen.

Nach ihrem Tod gerät Ted Hughes sehr bald unter Druck: Er muss als Eigentümer und Nachlassverwalter

Entscheidungen treffen, was mit den hinterlassenen Manuskripten seiner Frau geschehen soll. Da kein gültiges Testament vorliegt, erstrecken sich seine urheberrechtlichen Befugnisse nicht nur auf ihr literarisches Werk, sondern auch auf die Briefe, die Sylvia an die Familie und an ihre Freunde geschickt hat.

Bis Ted Hughes sich überhaupt einen Überblick verschaffen kann, wie viel unveröffentlichtes Material vorliegt, vergeht viel Zeit. Erst einmal ist er erstaunt über die Größe des Konvoluts, dann erstaunt über die Qualität der Texte und darüber, ein ›verborgenes Werk‹ vorzufinden, das er nie zu Gesicht bekommen hat. Denn schon bevor er seine Familie im Sommer 1962 verlassen hat, begann Sylvia im Verborgenen zu schreiben. Jetzt muss Hughes schmerzlich erkennen, dass sie, sobald sie sich ihrer Stimme ganz sicher war und ihrer eigenen dichterischen Radikalität folgte, ihn nicht mehr an ihrem Schreiben hat teilnehmen lassen.

Zu allen Kümmernissen kommen Geldsorgen. Auch hier steht Hughes unter Druck: Er muss die Familie ernähren. Nachdem er mit seinen Kindern und seiner Geliebten noch ein halbes Jahr in der Fitzroy Road gelebt hat, bezieht er im Sommer wieder Court Green. Dort liegen bald, so berichtet der Freund Lucas Myers, Sylvias unveröffentlichte Werke sorglos ausgebreitet auf dem Wohnzimmertisch. Assia Wevill und Freunde haben freien Zugang zu dem Nachlass; denn Hughes ist im Anfang gar nicht klar, welchen Wert und Geldwert das Werk seiner Frau nach ihrem Tod besitzt.

Assia Wevill, die bis in den Spätherbst 1967 in Court Green lebt, entwendet einige Manuskripte, um ihrer gemeinsamen Tochter Shura, die Hughes nicht offiziell als sein Kind anerkennt, eine finanzielle Rücklage zu verschaffen. Nach ihrem Tod – sie vergast sich und ihre vierjährige Tochter – gibt Assias Schwester Ted die Manuskripte zurück. In den folgenden Jahren verschwinden weitere Texte; Besucher lassen alles mitgehen, »was ihre oder meine Unterschrift trägt«. Sogar »Handtücher, Laken, Werkzeug – kaum bin ich nicht auf der Hut, ist wieder etwas geklaut«, beklagt sich Hughes.

Als er begreift, wie groß das Interesse der Öffentlichkeit an den Texten von Sylvia Plath ist und wie hoch die Summen sind, die für ihre Manuskripte geboten werden, ändert er seine Haltung. Die gewisse Sorglosigkeit im Umgang mit ihren Dingen weicht dem Wunsch einer professionellen Vermarktung. Dieser Überlegung folgend, setzt er seine Schwester Olwyn 1966 als offizielle Verwalterin des Nachlasses ein.

Mit diesem Schritt wird die Kontrolle über das Werk von Plath verdoppelt; und der Bruder wird durch die Umsicht seiner Schwester abgeschirmt von allen menschlich unangenehmen Situationen. Olwyn spricht jetzt mit seiner Stimme und übernimmt die Verhandlungen mit Zeitschriften, Verlagen, Radio- und Fernsehsendern – und Anwälten. Zunächst lockend und dann in die Schranken weisend, tritt sie mit den Autoren in Kontakt, die über Sylvia Plath schreiben wollen.

Olwyn Hughes hat ihre Anstellung und ihren Wohnsitz in Paris aufgegeben, um mit ihrem Bruder und seinen zwei Kindern das Leben zu teilen. Sie verbringt einige Zeit mit ihnen in London, dann Jahre in Court Green. Hauptsächlich widmet sie sich den vielfältigen Aufgaben einer Literaturagentin. Da sie wenig von ihrer toten Schwägerin hält und fast ebenso wenig von deren Werk, kann Olwyn sich ganz auf das Geschäft konzentrieren; und das gelingt ihr ausgezeichnet. Sie übernimmt nicht nur die Kontrolle über jede einzelne Zeile, die von Plath abgedruckt werden darf, sondern sie bestimmt auch, in welchem Kontext sie zitiert werden darf. Aus der Kontrolle wird sehr bald Zensur: Ihren Forderungen verleihen die Geschwister Hughes Nachdruck durch Androhungen von gerichtlichen Auseinandersetzungen.

Der Erste, den es trifft, ist der Freund Alfred Alvarez, der Ted Hughes in größter Not beigestanden hat. Als er im Oktober 1971 den ersten Teil seines Kapitels aus dem Buch *Der grausame Gott*, das den Tod von Plath abhandelt, im *Observer* veröffentlicht, wird eine gerichtliche Verfügung erwirkt, sodass Alvarez den zweiten Teil zurückzieht. »Als Ted mir schrieb und meinte, die ›Erinnerung‹ sei ein Einbruch in seine Privatsphäre, habe ich keine Anstrengungen mehr gemacht, die zweite Hälfte zu veröffentlichen«, erklärt er der Journalistin Janet Malcolm, als sie ihn bei einem Besuch zu der Angelegenheit befragt.

Ted Hughes versucht Alvarez' Schilderung öffentlich zu diskreditieren. Privat schreibt er ihm hoch erregte Briefe: »Der egoistische Journalist in Dir, der gib's-in-Druck-und-geh'-zum-Teufel-Journalist (Du gibst in Druck und lässt die anderen zum Teufel gehen) hat Dich versaut, hat Dich verraten und uns mit«. Er wirft Alvarez vor: »Deine ›Erinnerung‹ hinterlässt nicht nur Fakten, sondern Gift«. Den eigentlichen Grund für seinen Zorn hält Hughes zurück: Er hat von seinem Freund erwartet, dass dieser ihm vor der Veröffentlichung den Text vorlegt. Ohne es selbst zu bemerken, betrachtet Hughes alles, was mit Sylvia Plath zu tun hat, mit den Augen eines Zensors.

Darüber hinaus tut er alles dafür, den Verlag, der das Buch herausbringen will, zur Streichung des einleitenden Kapitels zu zwingen. Die Anwälte von Ted Hughes können sich nicht durchsetzen, die kluge und differenzierte »Studie über den Selbstmord« von Alvarez erscheint im Dezember.

Im Laufe der Zeit werden mehrere Anwälte eingesetzt, die über die Einhaltung des Urheberrechts im Sinne der Geschwister Hughes wachen. Als die BBC 1988 Linda Wagner-Martin, die ein Jahr vorher eine erste ›autorisierte‹ Biografie über Sylvia Plath verfasst hat, zu Wort kommen lässt, ergreift sie die Gelegenheit, auch die Einflussnahme der Familie Hughes auf ihre Arbeit zur Sprache zu bringen. Sie beklagt, in ihrer Arbeit behindert worden zu sein, man habe wichtiges Material zurückgehalten und eine regelrechte Art von »Zensur« ausgeübt, gibt Ronald Hayman in seiner Biografie wieder. Nach diesen öffentlichen Vorwürfen erhält der Generaldirektor der BBC einen Beschwerdebrief.

Olwyn Hughes geht nach immer dem selben Muster vor: Wer aus dem Werk von Plath zitieren will – und das muss jeder Biograf –, ist gezwungen, der Nachlassverwalterin das Manuskript vorzulegen. Enthält es Passagen, die die Familie Hughes in einem ungünstigen Licht erscheinen lassen, oder Passagen, die Olwyn missfallen, müssen diese gestrichen und durch Vorformulierungen von Olwyn ersetzt werden. Anderenfalls wird die Erlaubnis entzogen, aus dem Werk von Plath zu zitieren.

Die Bedingungen werden von den Geschwistern so rabiat durchgesetzt, dass einige Biografen aufgeben, obwohl sie schon Vorarbeiten geleistet haben. Andere ignorieren das Diktat und bringen dadurch ihre Verlage spätestens nach der Veröffentlichung in Schwierigkeiten, da diese nun mit einer Flut von Klagen rechnen müssen. Die übrigen Biografen geraten in einen Teufelskreis aus Abhängigkeiten, der ihr Selbstverständnis als freie Autoren beschädigt und bis in ihr Privatleben hineinwirkt. Den Biografien selbst merkt man die Manipulation an, entweder sie stehen Sylvia Plath deutlich ablehnend gegenüber oder es herrscht in ihnen eine Vorsicht, die jede Bemühung zunichte macht, dem Leser ein lebendiges Bild von der toten Autorin zu vermitteln.

Am stärksten gerät die amerikanisch-britische Autorin Anne Stevenson während ihres Schreibens in innere Konflikte, denn sie nimmt als ›autorisierte Biografin‹ einen Vorschuss an, der sie zu einer engen Zusammenarbeit mit Olwyn Hughes zwingt. Als Stevenson merkt, wie umfassend Olwyns Einmischung ist, möchte sie das Projekt gern aufgeben. »Aber ich konnte mich nicht dazu durchringen, die Arbeit von vier Jahren auf den Müll zu werfen. Ich hatte kein Geld und hätte meinen Vorschuss nie zurückzahlen können«, erzählt sie zerknirscht Janet Malcolm.

Als Stevenson an den letzten vier Kapiteln arbeitet, ist sie endgültig mit Olwyn überworfen, denn die »wollte mir keine Erlaubnis erteilen, irgendetwas zu zitieren, wenn ich ihre Beiträge nicht wortwörtlich verwende«. Deshalb wird Olwyn in der *Vorbemerkung* zu *Sylvia Plath* als Mitherausgeberin genannt. Der ahnungslose Leser glaubt, die Zeilen stammten aus der Feder der Biografin Stevenson, aber Olwyn »bestand darauf, die Vorbemerkung der Autorin selbst zu schreiben«.

Als *The Independent* am 12. März 1988 enthüllt, dass Stevenson vierzig Prozent ihrer britischen und dreißig Prozent ihrer amerikanischen Tantiemen an Olwyn Hughes abführen muss, sind viele Leser wie vor den Kopf geschlagen. Sie wissen nicht mehr, was sie von der Biografie halten sollen. Tatsächlich muss man das Buch nach allen Informationen über sein Zustandekommen kritisch betrachten.

Glücklich ist Anne Stevenson mit ihrer Biografie, die Alvarez »gehässig« nennt, nicht geworden. »*Sylvia Plath* wäre ein außerordentlich gutes Buch geworden, wenn ich es fertiggebracht hätte, meinen eigenen Weg einzuschlagen. Es war sehr schmerzhaft, bei jedem Satz kritisiert zu werden«, verrät sie Jahre später Janet Malcolm. Sogar Stevensons Mann sei der Ansicht gewesen, sie hätte das Buch nicht veröffentlichen sollen.

Auch Olwyn ist nicht zufrieden mit der von ihr in Auftrag gegebenen Biografie. »Anne war ein Fehler«, urteilt sie kurz und knapp vor Janet Malcolm, die für den *New Yorker* über den Streit um die Publikationen im Umfeld des Plath-Nachlasses recherchiert. Olwyn selbst übergibt 1989 ihre Arbeit als Nachlassbevollmächtigte an den Verlag Faber & Faber, das hat sicherlich mit der Aufdeckung ihrer Vorgehensweise bei dieser Biografie zu tun.

Sogar Aurelia, die die Briefe ihrer Tochter aufbewahrt hat, kann sie nur mit der Einwilligung von Ted Hughes publizieren. Auch sie muss ihm das endgültige Manuskript vorlegen. Von 696 Briefen, die Aurelia besitzt, werden am Ende 384 abgedruckt, unter ihnen viele gekürzt. Ursprünglich streicht Hughes eine noch viel größere Zahl. Der Verlag entscheidet sich aber, einige wieder aufzunehmen, nachdem der Justiziar sie als »eindeutig nicht verleumderisch« gewertet hat.

Das Vorgehen von Ted und Olwyn Hughes hat zur Folge, dass die interessierte Leserschaft einen einseitigen Einblick in Sylvias Werk erhält. Wagner-Martin und Stevenson ist es zum Beispiel untersagt, die Geliebte Assia Wevill zu erwähnen, geschweige denn ihren Tod, den sie minutiös dem von Plath nachgeahmt und den Hughes später als ein »bitteres Missverständnis« bezeichnet hat.

Erst nach seinem Tod ändern sich die Verhältnisse, und nun bringen Journalisten und Biografen Licht in das Dunkel. Nicht ganz erstaunt stellt man fest, dass der, der Sylvia Plath am meisten ›bestohlen‹ hat, ihr Ehemann war. Ein Band ihrer Tagebücher sei »verschwunden«, erklärt Ted Hughes im Vorwort der *Journals*, die letzten Notizhefte, die die Jahre 1960 bis zu ihrem Tod umfassen, habe er »vernichtet«, »weil ich nicht wollte, dass ihre Kinder das je lesen müssten«. Janet Malcolm analysiert die seltsame Taktik Teds, der gleichzeitig Herausgeber und Vernichter des Werks seiner Frau war.

Insgesamt fehlen die Tagebuchaufzeichnungen von fünf Jahren. Die *Journals*, die Aufschluss hätten geben können über die Zeit nach dem ersten Selbstmordversuch 1953 und über die letzten drei Jahre der Dichterin, sind für immer verloren. Ebenso ist ihr unvollendet gebliebener zweiter Roman »verschwunden«, den Sylvia in mehreren Briefen an ihre Mutter und ihren Bruder als fast fertig bezeichnet hat.

Bevor Ted Hughes im August 1981 den kompletten Nachlass – 4000 Seiten Manuskripte und Typoskripte – seiner Frau an die *Neilson Library* des *Smith College* verkauft, »enorm zu unserem Vorteil«, wie er seinen Bruder Gerald wissen lässt, entscheidet er, alles drucken zu lassen, was sich dafür anbietet, »um noch aus dem letzten Krümel eine Eruption zu machen, mit ein paar Funken Diskretion seitens des Herausgebers«. Er will der Herausgeber ihres Werkes sein, die Macht haben, auszuwählen und zu arrangieren und vor allem, die Einleitungen selbst zu schreiben. »Auch wenn er die Manuskripte freigab, wollte er die künstlerische Kontrolle darüber haben, wie er und Plath gedruckt zu lesen waren«, so urteilt Diane Middlebrook 2003 in ihrem differenzierten Buch *Du wolltest Deine Sterne – Sylvia Plath und Ted Hughes«.*

Nach ihrem Tod wächst Sylvias Ruhm Ted Hughes schnell über den Kopf. Bis zuletzt ist er zerrissen, ob er in die Hymnen einstimmen soll oder ob er sein Werk doch für das bedeutendere hält. Auch er beendet den Konkurrenzkampf nie.

Stimmen

Einen Schriftsteller in der Familie zu haben, ist vielleicht immer ein Desaster für die Familie.

Salman Rushdie

Ein große anhaltende Liebesarbeit
Briefe nach Hause

696 Briefe hat Sylvia Plath zwischen ihrem Collegebeginn 1950 und ihrem Tod im Februar 1963 geschrieben und nach Hause geschickt. Alle sind von ihrer Mutter Aurelia aufbewahrt worden, die »von dem Tag träumte, an dem ich Sylvia das riesige Bündel Briefe aushändigen würde. Ich dachte, sie könnte sie als Material für Erzählungen oder einen Roman verwenden, sich mit ihrer Hilfe in den verschiedenen Entwicklungsphasen wiedererkennen und noch einmal die Augenblicke der Freude und des Triumphes kosten, die des Schmerzes und der Furcht in einem anderen Licht sehen.«

Diese Art von ›Bemutterung‹ ist für Aurelia ganz typisch. Ihre Fürsorge, die immer das Beste für ihr Kind will, ist rational, pädagogisch durchdacht und doch eine Bevormundung der erwachsenen Tochter, ja sogar eine Einmischung in deren Beruf als Autorin. Dazu kommt der unbedingte Wunsch Aurelias, alles zum Positiven zu wenden und koste es, was es wolle, das Leben ihrer Liebsten dem amerikanischen Ideal zu unterwerfen.

Als der Name Sylvia Plath immer bekannter wird und ihre Texte in den Medien immer häufiger diskutiert werden, besonders die, die der Mutter fragwürdig erscheinen und von denen sie befürchtet, sie könnten dem Ansehen ihrer toten Tochter und ihrem eigenen schaden, entschließt sie sich, Sylvias Briefe einer breiten Öffentlichkeit zugänglich zu machen. Obwohl alle veröffentlichten Briefe einer doppelten Zensur – durch Aurelia und ihren Schwiegersohn Ted Hughes –, unterzogen und manche von ihnen gekürzt worden sind, geben sie einen tiefen Einblick in das enge Verhältnis zwischen Tochter und Mutter.

Aurelia Schober Plath hat der Sammlung *Briefe nach Hause* ein langes Vorwort von über vierzig Seiten vorangestellt, in dem sie erklärt, die Veröffentlichung sei eine »Antwort auf die Lawine von Fragen, die über mich hereingebrochen ist, seit Sylvias Gedichtband *Ariel* und ihr Roman *Die Glasglocke* erschienen sind«. Warum Aurelia gerade auf diese beiden Werke hinweist, erläutert sie nicht. Gabriele Wohmann vermutet, Schober Plath möchte nachträglich den Lesern beweisen, dass sie selbst keine Ähnlichkeit mit der Romanfigur Mrs. Greenwood hat, die von ihrer Tochter Esther, der Hauptfigur der *Glasglocke*, gehasst wird. Darüber hinaus möchte Aurelia zeigen, dass sie weder das ›Vorbild‹ für das Gedicht *Medusa* aus der *Ariel*-Sammlung ist noch die Adressatin.

Es gibt einige Texte von Sylvia Plath, die wie Giftpfeile in Aurelias Mutterherz gedrungen sind und es tief verletzt haben, dazu gehören als allererste *Medusa* und *Daddy*. *Medusa* rechnet auf grausame Weise mit Aurelia Schober Plath ab, ähnlich wie *Daddy* mit Otto Plath; beide Gedichte enden mit einem völligen Bruch. Wie in *Daddy* die Vaterfigur zu einem SS-Schergen gemacht wird, so in *Medusa* die Mutter zu einem Ungeheuer, das

»Kobra-Licht« verbreitet und mit »Tentakeln« seine Opfer fängt. Der Blick der Medusa-Mutter auf die Tochter ist »überbelichtet wie ein Röntgenbild«; das künstliche Bild lässt alle Fehler des Kindes ans Tageslicht kommen. Nicht der Anblick der Medusa verwandelt den Betrachter zu Stein, wie der antike Mythos erzählt, sondern der Blick der Medusa-Mutter auf das Kind nimmt ihm den Atem.

»Ich habe dich nicht angerufen. / Ich habe dich doch überhaupt nicht angerufen. / Trotz alledem, trotz alledem / Kamst du mir angedampft übers Meer, / Fett und rot, eine Plazenta, // Um die drauflos Liebenden zu lähmen.« Hier wird Bezug genommen auf den Besuch Aurelias im Sommer 1962 in Court Green, als sich das Ehepaar Hughes schon in großer Zwietracht befand. Das Gedicht suggeriert, die Mutter sei unwillkommen gewesen, habe die »drauflos Liebenden« gelähmt und so zum Zerwürfnis zwischen den Eheleuten beigetragen. Der Realität entsprechen diese Zeilen nicht: Aurelia war höchst willkommen, rote Lackherzen schmückten das ganze Haus bei ihrer Ankunft. Gleich nach dem ersten Ehekrach hat Aurelia sich zurückgezogen, ein Zimmer bei Sylvias Hebamme genommen, aber weiterhin ihre kleinen Enkel am Tag betreut.

Dichtung muss nicht die Realität abbilden, aber sie muss wahr sein, sonst verliert sie ihre Kraft. In *Medusa* versteckt sich hinter dem Bericht über Aurelias Besuch eine Wahrheit, die der vernünftigen Mutter vielleicht verschlossen blieb. Sylvia Plath bekennt sich in *Medusa* zu ihrer krankhaften Abhängigkeit von der Mutter. »Meine Seele spult sich dir zu, / Alter seepockiger Nabel, atlantisches Kabel«. Die Nabelschnur ist alt, an sie haben sich Parasiten angeklammert, die Seepocken, die von den Nährstoffen des Wirts leben. Dann wird die Nabelschnur zum Telefonkabel: »Auf jeden Fall bist du immer da, der / Zitternde Atem am anderen Ende der Schnur«. Das Telefonkabel verbindet die Tochter mit der Mutter über den Atlantik hinweg, hat sie mit dem Vater verbunden, deshalb wird es in beiden Gedichten *Daddy* und *Medusa* als Sinnbild einer unerwünschten Verbindung herangezogen.

Das lyrische Ich ist noch immer mit der fetten, roten, mütterlichen Plazenta verbunden. Aber die Nabelschnur führt keine Nährstoffe mehr aus dem Mutterkuchen ab, sie bringt vielmehr den Tod. »Für wen hältst du dich? / Eine Hostie? Die schwabbelige Maria? / Keinen Bissen nehm ich von deinem Leib, / Flasche in der ich lebe, // Grausiger Vatikan«. Hier betont Plath das moralische Getue der Mutter, hinter dem sich ein Wesen verbirgt, das die Tochter in die Tiefe einer nicht aufzuhebenden Dunkelheit zieht. »Blauäugig wie Eunuchen, zischen deine Wünsche / Auf meine Sünden herab. / Fort, fort, aalige Tentakel!«

Wie es in *Daddy* um ›Vateraustreibung‹ geht, so soll *Medusa* durch Zauberformeln die Mutter austreiben. In beiden Gedichten werden dem jeweiligen Elternteil wüste Beschimpfungen entgegengeschleudert; in *Medusa* beziehen sie sich aber strikt auf die Körperlichkeit der Mutter, von dem das lyrische Ich im tiefsten Maße abgestoßen ist.

Medusa bezeugt, dass die Dichterin nun sicher ist: Ihre schwere psychische Erkrankung hat ihren Ursprung im Mutterleib. Sie weiß, dass ihre Krankheit angeboren ist und die Depression sie in den Tod führen wird. Sie ist hellsichtig, sie kennt ihre Zukunft. Aber noch einmal kämpft sie gegen die Macht ihrer Mutter an und versetzt ihrem Herz einen letzten Stoß. »Zwischen uns ist nichts«, heißt die Endzeile von *Medusa* – und klingt wie ein nahes Echo von »Daddy, Daddy, Du Bastard, mit Dir bin ich fertig.«

Am 16. Oktober 1962 hat Sylvia Plath 38,5 Grad Fieber und Schüttelfrost. Sie ist allein mit den Kindern in dem kalten Haus Court Green ohne die Hilfe eines Kindermädchens. Sie hat bereits von 4 Uhr bis 8 Uhr morgens geschrieben und *Medusa* fertiggestellt. Am selben Tag schreibt sie – sehr wahrscheinlich am Abend – zwei Briefe nach Hause: zwei Briefe an die »Liebe Mutter«.

Erst einmal wehren die Briefe den Vorschlag der Mutter ab, England den Rücken zu kehren und mit den Kindern in die USA zurückzukommen. Wenn man dem Gedicht darin folgt, wie erstickend die Liebe der Mutter für die Tochter ist, kann Sylvia nicht zu Aurelia zurückkehren. Denn zu Hause würde sie unter ihren Augen die Rolle der ›gescheiterten Tochter‹ niemals ablegen können und die Mutter triumphierend die Macht übernehmen.

Weiter schildern die Briefe, ziemlich verzweifelt, die häusliche Situation und bitten um Hilfe – die Aurelia ihrer Tochter umgehend zukommen lässt. Der Stil der Briefe spiegelt die Erschöpfung der Verfasserin wieder. Im zweiten, etwas kürzeren Brief wiederholt Sylvia noch einmal: »... im Moment habe ich Fieber, bin ein bisschen im Delirium«.

Auch wenn es Sylvia sehr schlecht geht, lässt sie es sich nicht nehmen, von ihren Arbeitserfolgen zu berichten:

»Ich schreibe jetzt die besten Gedichte meines Lebens; sie werden mir einen Namen machen«. Während sie diese Zeilen aufs Papier bringt, steht ihr ganz sicher das gerade vollendete Gedicht *Medusa* vor Augen und das Gedicht *Daddy*, das sie vier Tage zuvor fertiggestellt hat.

»Falls es Dich interessiert – mein erster Roman ist bereits fertig und angenommen.« Hier informiert Sylvia selbst ihre Mutter über den Roman, von dem sie ihrem Bruder Warren zwei Tage später verkündet: »... es ist eine Brotarbeit und keiner darf ihn [zu Hause] lesen!« Der Stolz auf das gelungene Werk lässt die Rücksichten gegenüber der Mutter zurücktreten. Der Stolz ist »wie eine Erlösung aus der Krampfstarre« aller Selbstunterdrückung, wie Gabriele Wohmann es ausdrückt.

Aber warum schreibt Sylvia Plath an den selben Tagen Briefe nach Hause, an denen sie sich als Dichterin radikal von diesem Zuhause abgewandt hat? Tut sie Buße? Oder hält sie es ohne die Verbindung zu Vater und Mutter gar nicht aus auf der Welt?

Aurelia wird in den Jahren nach Sylvias Tod die Briefe ihrer Tochter, ihre Tagebücher, Gedichte und ihren Roman beim Lesen in Beziehung zueinander gesetzt haben. Jetzt, 1975, sieht sie in der Veröffentlichung der Briefe ihre Chance, das Mutterbild, das die Tochter in ihrem Werk geprägt hat, zurechtzurücken. In fast unerträglicher Weise schildert die Herausgeberin im Vorwort, wie gut das Verhältnis zwischen ihr und ihrer Tochter war: »Zwischen Sylvia und mir gab es so etwas wie eine psychische Osmose«. Da es den beiden angeblich leichter fiel, »Worte der Wertschätzung, der Bewunderung und der Liebe zu *schreiben*, als diese Gefühle verbal auszudrücken«, kann die Öffentlichkeit nun endlich an dem schönen Verhältnis teilnehmen. Und wenn Aurelia nicht geglaubt wird, so sollen es die Briefe beweisen.

Tatsächlich finden wir die zärtlichsten Anreden an eine verehrte, schmerzlich vermisste Mutter und Grüße, die wie Liebeserklärungen formuliert sind: »Mit überströmender Liebe, ganz Deine Sivvy.« Gabriele Wohmann spricht von einer großen und anhaltenden »Liebesarbeit«, zu der sich Sylvia in ihrem ohnehin gedrängten Alltag all die Jahre gezwungen hat.

Aurelias Vorwort und ihre Auswahl der Briefe dienen aber noch einem anderen Zweck: Sie sollen belegen, dass die Tochter in einem umsichtigen, toleranten, liebevollen Elternhaus aufgewachsen ist. Aurelia zeichnet sich selbst als eine der Mütter aus, die bereit sind, jedes Opfer zu bringen, um ihren Kindern die bestmögliche Bildung und Ausbildung zu ermöglichen. Zu Hause wurde vorgelesen, gesungen, gedichtet, gemalt, Klavier gespielt, kurz, alles für die Entwicklung einer reichen Persönlichkeit der Kinder unternommen.

Noch wichtiger ist es Aurelia, festzuschreiben, dass »Sylvia ein gesundes, glückliches Kind« war und »fast immer« im »Mittelpunkt« der Familie stand. Eine glückliche Kindheit und Jugend war also garantiert. Der ernsthafte Selbstmordversuch ihrer Tochter im Jahr 1953 ist dann, wenn man Aurelias Sicht folgt, nicht mehr aus Sylvias Biografie zu erklären. Für den endgültigen Freitod, suggeriert Aurelia, gebe es nur eine Erklärung: die zufällige Verkettung unglücklicher Umstände. Ihre kommentierte Briefausgabe beendet Aurelia mit den Worten:

»Ein Tag, düsterer als gewöhnlich, ließ es vorübergehend unmöglich erscheinen, weiterzumachen.« »Vorübergehend« war der Tod von Sylvia Plath für niemanden, er war endgültig.

Nicht alle Wünsche von Müttern gehen in Erfüllung, die von Aurelia Schober Plath am wenigsten. Die Briefe zeigen keine ideale Mutter-Tochter-Beziehung, vielmehr eine junge Frau, die sich verstellt und die Tochter spielt, die tüchtig und erfolgreich durchs Leben geht – um mit ihrer idealen Selbstbeschreibung die eigene Mutter glücklich zu machen. Wer betrügt hier wen? Hat die Tochter die Mutter mit Lügen gefüttert, weil die harmoniesüchtige Mutter ansonsten ›verhungert‹ wäre? Oder hat Sylvia Plath sie mit Lügen abgespeist, die dem Zweck dienten, zwischen ihnen eine Trennwand zu errichten, um Aurelia von ihrem wirklichen Ich fern zu halten? Es ist ein Wechselspiel aus Verstellung und Wunschdenken zwischen den einander vertrauten Menschen.

Wie ausschließlich Sylvias Lebensgefühl von ihren Leistungen her bestimmt war, zeigen fast alle Briefe. Ob dieses Verhalten durch die Erziehungsmethoden der Eltern gefördert wurde, ob es dem wirtschaftlichen Druck nach dem Tod des Vaters geschuldet war oder aber in Sylvias Wesen selbst begründet lag, lässt sich nicht sagen. Sicher ist, dass der Vater, der aus ärmsten Verhältnissen stammte und in den USA Karriere machte, seine Wünsche nach Erfolg auf seine Erstgeborene fokussierte.

Für Sylvia Plath, ganz Kind ihrer Eltern, lohnt sich das Leben nur in der ›Auszeichnung‹. Und die muss beglaubigt sein, am besten mit Brief und Siegel, damit man sie der Mutter vorweisen kann. Ein Stipendium muss erkämpft werden, damit eine größere Summe Geldes die Haushaltskasse der Mutter merkbar entlastet. Auch ein Preisgeld für eine Erzählung, das in schicke Kleidung investiert wird, besticht die Mutter, die sich selbst nur gebrauchte gönnt.

Sylvia hat die »Einwanderer-Energie« ihrer Eltern verinnerlicht. Die treibende Kraft ist ihre Angst, sich nicht schnell genug einen Platz in der amerikanischen Gesellschaft erobern zu können. Eva Hoffman, die als Neunjährige mit ihrer Familie von Polen nach Kanada emigrierte, hat dieses Phänomen an sich selbst studiert. In *Lost in Translation* sagt sie über sich: »Auch ich lasse mich antreiben von der doppelten Peitsche des Ehrgeizes und der Angst, und ich beziehe eine seltsame Kraft – eine wilde Stärke – aus dem Gefühl meiner Verantwortung, dem Gefühl, dass mein Überleben in meinen Händen liegt.«

Auch wenn Sylvia Plath schon in den USA geboren ist, leidet sie unter einer tiefen Unsicherheit, ob sie im Land anerkannt und ihren Weg finden wird. Wie Eva Hoffman stellt sie fest, »dass kein Kampf jemals so hart ist wie der imaginäre, den ich gegen die Gefahren in meinem Kopf führe«. Schon bald nach dem Tod des Vaters sieht Sylvia, wie schutzlos ihre Familie geworden ist; und da begreift sie, dass aus *ihr* etwas werden muss. Sie stellt sich vor, was passiert, wenn sie nicht alles richtig macht. Düstere Bilder drängen sich ihr auf, bis hin zu dem, dass ihre Familie in Armut geraten würde. So legt sie einen Brustpanzer aus Leistungen und guten Zensuren an, der sie vor Herabsetzungen schützt und ihr gleichzeitig Zugang verschafft zu den besten Schulen und Universitäten. Die *Briefe nach Hause* sind, wenn man das Bedürfnis nach Austausch gelten lässt – »wir konnten uns keine Ferngespräche leisten«, so Aurelia –, ein Versuch, Glanz zu verbreiten, zu sagen: ›Ich habe es geschafft, ich bin angekommen, ich bin wer in diesem Land‹.

Der Versuch zu glänzen ist ebenso kindlich wie der, auf allen Fotos zu strahlen, den schon das kleine Kind konsequent unternimmt. Auf den meisten Bildern ist Sylvias Mienenspiel festgezurrt wie auf einem Reklamefoto: Sylvia lächelt, lächelt, lächelt. Von der Sylvia Plath, die *Die Glasglocke* geschrieben hat, gibt es nicht ein Foto, auch nicht von der, die in der Verlassenheit Gedichte wie *Daddy* und *Medusa* verfasst. Nur eines von der, die dann schmal – »die Knochen stehen mir buchstäblich überall heraus, ich habe große, dunkle Schatten unter den Augen von den Schlaftabletten« –, übernächtigt und mit langem Haar wie verloren vor einem Bücherregal den Betrachter traurig ansieht. Eine Amerikanerin der zweiten Generation, die in England nicht Fuß fassen, die überhaupt nirgendwo auf der Welt Fuß fassen konnte.

In seinem Gedicht *Telos* verknüpft Ted Hughes den zwanghaften Ehrgeiz Sylvias mit ihrem Ende. Er beschreibt sehr eindrücklich, wie die Auszeichnungen – Hughes nennt sie »Alphas« – für Sylvia zum Selbstzweck werden, zum ›Endziel‹, wie das altgriechische Wort ›Telos‹ es meint. Um die »Furien des Alphas abzuschütteln, krochst du unter / Oder sprangst über alle Buchstaben des Alphabets / Und brachtest dich hinter dem Omega zu / Fall / In ein funkelndes Universum aus Alphas«.

Ob es sich um Freundschaften handelt, um die Liebe, um Mutterglück, um schönste Anhänglichkeit, eine

Begabung – bei allem muss sie die Beste sein. Die Vermessenheit Sylvias geht so weit, dass sie meint, andere Menschen steuern zu können. Indem sie sich liebenswürdig gibt, glaubt sie, sie *müsse* geliebt werden. Aber das, was sich uns in unserem Leben am wenigsten erschließt, ist die Wirkung, die wir auf Menschen haben.

Sylvia Plath hat im Laufe ihres Lebens immer mehr darunter gelitten, dass ihr ideales Selbstbild von vielen anderen Menschen nicht geteilt wurde; besonders ihr Ehrgeiz stieß andere ab. Dabei wollte sie nur eines von Kindertagen an: gefallen. Die *Briefe nach Hause* zeigen, dass sie in einem Teil ihrer Persönlichkeit bis zum Ende ein Kind geblieben ist, ein einsames, verlassenes Kind.

Sehr wahrscheinlich hat Aurelia Schober Plath, die eine lebenskluge Frau war, in viel größerem Umfang die Verstellung Sylvias in den Briefen durchschaut, als sie es die Absenderin hat wissen lassen. Gut wäre die Mutter beraten gewesen, sie ruhen zu lassen. Sie zu vermarkten, um an die lesende Nachwelt ein falsches Bild weiterzugeben, war zum Scheitern verurteilt. Im Grunde hat die Mutter dasselbe kindliche Interesse gehabt wie die Tochter: Sie wollte Glanz verbreiten.

Stimmen

Der Druck, einem Bild gerecht zu werden, das sie sich von anderen aufzwingen ließ, hat Sylvia Plath ein Leben lang verfolgt, von Erfolg zu Erfolg gehetzt, aber auch in Selbstzweifel, Überforderung und schließlich in tödliche Erschöpfung. Es ist eine böse Ironie, dass sie noch – und gerade – nach ihrem Tod von eben denen beschnitten wird, für die sie sich zu Lebzeiten freiwillig selbst zurechtstutzte: von ihrer Mutter und ihrem Ehemann. So wie die Mutter die ›Briefe nach Hause‹ in ein innig-ungetrübtes Mutter-Tochter-Verhältnis umfrisieren wollte, um als makellose Mater dolorosa dazustehen, sucht Hughes die Plath ins Gewalttätige, Überschwängliche, Neurotische hinüberzuspielen, um selbst als der erhabene Dulder dazustehen, der sein Bestes tat, an einer derart überspannten Person aber scheitern musste.

Ulla Hahn, 1997

Ich werde nicht versuchen, mir zu entkommen Die Tagebücher

Liest man neben den Briefen die erhaltenen Tagebücher, so steht man einer ganz anderen Person gegenüber. Fast erkennt man die Briefeschreiberin nicht in der Tagebuchschreiberin: Einer Frau, die mit sich ins Gericht geht. An ihren Reflexionen und Analysen lässt sie weder ihren Ehemann noch ihre Mutter teilhaben, obwohl die Anregung, ein *Journal* zu führen, von Aurelia kommt, die stolz in ihrem Vorwort zur Briefsammlung schreibt: »Ich steckte zu Weihnachten immer ein Tagebuch in ihren Strumpf«.

Was mit der Pflichterfüllung eines Kindes beginnt, wird später Notwendigkeit für die Jugendliche und schließlich für die erwachsene Frau: »Ich muss darüber schreiben, schreiben wie es war, bevor es mich mitriss«. Bewusst sucht Sylvia Plath beim Schreiben des Tagebuchs die Klärung ihrer Gefühle, eine umfassende Aufklärung über sich selbst. Nur so kann sie sich gegen den reißenden Fluss ihrer täglichen Eindrücke und gegen die wiederkehrenden negativen Gedanken wehren.

Die süßliche Gefälligkeit der Briefe weicht dem unablässigen Bemühen, Rechenschaft abzulegen über das eigene Handeln. In den Tagebüchern geht es nicht mehr darum, ein glänzendes Bild von sich selbst zu entwerfen, sondern hinter den Spiegel zu schauen. Leidenschaftlich ringt Sylvia Plath mit sich, mit ihren Fehlern und Abgründen. Obwohl dieser Prozess qualvoll ist, stellt sie sich ihm täglich. Ihr Schreiben ist ein intimer Dialog mit sich selbst, der von der Hoffnung gespeist wird, freigesprochen zu werden von Schuld, erlöst zu werden von Dämonen.

Sylvia Plath ist nicht damit geholfen, ihr Leben chronologisch abzubilden, wie es in seinen Tagebüchern wichtig war für Thomas Mann; oder bedeutende Ereignisse für die spätere Autobiografie festzuhalten, um möglichst ein geschlossenes Bild eines Schriftstellerlebens zu hinterlassen. Das Tagebuch dient auch nicht einer täglichen Schreibübung, um die Schreibblockade zu lösen, unter der sie häufig litt. An diesem geschützten Ort geht es Sylvia Plath allein um die existenzielle Auseinandersetzung. Sie will herausfinden, wer sie wirklich ist, unter welchen Bedingungen sie zu ›ihrer eigenen Stimme‹ als Autorin finden kann und wie sie ihre Rolle als Frau gestalten will, die sich deutlich von der ihrer Mutter unterscheiden soll.

In den Notizheften führt sie den Dialog mit ihrer Therapeutin bis hin zu dem Punkt weiter, an dem sie Gewissheit über das verhängnisvolle Verhältnis zur Mutter hat. Während ihres zweieinhalbjährigen Aufenthalts in den USA, der von 1957 bis 1959 dauert, notiert sie im Dezember 1958, nachdem sie die Gesprächstherapie bei Ruth Beuscher in Boston wieder aufgenommen hat: »In dieser Woche war ich glücklicher als in den ganzen letzten sechs

Monaten«. Der Grund dafür ist: »Wenn R. B. sagt, ›ich erlaube Ihnen, Ihre Mutter zu hassen‹, ist es, als sage sie auch, ›ich erlaube Ihnen, glücklich zu sein‹«. In Versalien notiert Sylvia: »WIE SOLL MAN ALS REIFER MENSCH MIT DEM HASS AUF SEINE MUTTER UMGEHEN? Nimmt das Bedürfnis, ihn auszudrücken, mit einem reifen Bewusstsein ab? … Verfliegt der ganze Hass?«

Die von Biografinnen positiv hervorgehobene Zeit nach Ottos Tod, in der Sylvia durch Mutter und Großmutter in einem »liebevollen Matriarchat« erzogen worden sei, wird von ihr im Tagebuch völlig anders bewertet. »Das kleine weiße Eckhaus mit einer Familie aus lauter Frauen. So viele Frauen, dass das Haus nach ihnen stank«. Plath spricht von der Frauenherrschaft zu Hause als einem »sentimentalen Matriarchat«, das versuchte, jedes negative Gefühl zu unterdrücken. »Das Leben war die Hölle. Sie«, ihre Mutter, »musste immer arbeiten. Arbeiten und Mutter sein, beides, Mann und Frau in einer süßen Geschwulst.«

Die geografische Nähe zur Familie und die wieder aufgenommene Therapie bewirken, dass Sylvia mit einer intensiven Aufarbeitung ihrer Kindheit beginnt. Nach der Lektüre von Sigmund Freuds *Trauer und Melancholie* glaubt sie, die Gründe für ihre ständig wiederkehrenden Selbstmordgedanken zu verstehen: »ein von meiner Mutter auf mich selbst übertragener, mörderischer Impuls: die ›Vampir‹-Metapher, die Freud gebraucht, ›das Ego aussaugen‹: genau dieses Gefühl, das mich vom Schreiben abhält: Mutters Kralle«. Sylvia spielt Möglichkeiten durch, wie sie ihre Depressionen überwinden könnte: »indem ich mich weigere, daran zu glauben, sie habe irgendeine Macht über mich, wie die alten Hexen, denen man Teller mit Milch und Honig hinstellt.« ›Honig und Milch‹ sind ihre Waffen zur Besänftigung in den Briefen an Aurelia.

Aber schrecklicherweise *hat* die Mutter Macht über sie. Sylvias Vorstellung von Ehe, Familie, Glück und der Art, wie sie ihr Leben gestalten soll, ist stark von der Mutter beeinflusst. Die vorbildhafte Mutter, die »für mich ihr Leben geopfert hat. Ein Opfer, das ich nicht wollte«, beherrscht Sylvias innere Gefühlswelt. Anders zu leben als die Mutter ist deshalb für Sylvia nicht selbstverständlich, immer wieder muss sie ihr Künstlerdasein vor sich selbst rechtfertigen, ja sogar verteidigen. »Ich habe praktisch alles getan, von dem sie behauptet, das könne ich nicht, wenn ich gleichzeitig glücklich sein wollte, aber jetzt bin ich doch beinahe glücklich«.

Es sind die Frauen, die Mütter, die dafür sorgen, dass ihre Töchter beschnitten werden – im wörtlichen Sinn – und beschnitten – im übertragenen Sinn – in ihrer Freiheit. Sylvia Plath geht mit Hilfe ihrer Therapeutin den Gründen nach, warum sie häufig von großer Wut gepackt wird. »*Auf wen bin ich wütend?* Auf mich selbst. Nein, nicht auf mich selbst. Auf wen? Auf … all die Mütter, die ich kannte, die wollten, dass ich etwas bin, was ich im tiefsten Herzen nicht sein wollte, und auf die Gesellschaft, die offenbar möchte, dass wir etwas sind, was wir nicht möchten.«

Sarkastisch spielt sie die Eheklischees durch, die ihre Mutter und deren gleichaltrige Freundinnen verinnerlicht haben. »Such dir einen netten kleinen, sicheren kleinen, süßen kleinen, liebenden kleinen, künstlichen Mann, der dir Kinder schenkt und Brot, ein Dach über dem Kopf und einen grünen Rasen und jeden Monat Geld, Geld, Geld. Kompromisse. Ein schlaues Mädchen bekommt alles, was es will. Nimm den Zweitbesten …«

Obwohl die seitenlangen Analysen über die Beziehung zur Mutter durch viele Auslassungen abgeschwächt sind, müssen die Worte der Tochter für die Mutter vernichtend geklungen haben. Aber Aurelia ringt sich schließlich doch dazu durch, »der Veröffentlichung des Materials meine Zustimmung« zu erteilen. Denn für Aurelia »besteht kein Zweifel an der Wichtigkeit dieses Materials für Sylvia Plaths Arbeit«.

Ob das ihren Gedanken wirklich entspricht, ist fraglich; zu dieser Zeit verlässt sich Aurelia Schober Plath auf die positive Wirkung der Briefe, die sie Jahre vor den Tagebüchern veröffentlicht hat. Und Ted Hughes ist als zensierender Herausgeber allein daran interessiert, die Passagen zu streichen, die ihn selbst in einem ungünstigen Licht zeigen. Dass die Öffentlichkeit nun erfahren wird, wie seine Frau und ihre Mutter wirklich zueinander standen, berührt ihn nicht; hat er Sylvia doch häufig vorgeworfen, genau wie ihre Mutter zu sein, und sie damit wissentlich tief verletzt.

Indem Sylvia Plath in ihren Aufzeichnungen ihr Leben und ihre Kunst aufeinander bezieht, hat sie in starkem Maß dazu beigetragen, dass ihre Texte autobiografisch gelesen werden. »Ich bin das Werkzeug tragischer Erfahrungen«, notiert sie und meint damit, dass sie als leidender Mensch dafür geboren ist, das Leid in den Mittelpunkt ihres Werks zu stellen. Die Götter haben ihr wie der Gestalt des Orpheus aus der Antike ein einzigartiges Geschenk gemacht: unheilvolle Erfahrungen in Kunst zu verwandeln. »Ich entsteige dieser Haut / Aus alten Bandagen, / Stumpfsinn, alten Geschichten, // Steige zu dir aus Lethes schwarzem Gefährt, / Rein wie ein Baby.«

Zu der Auffassung, die Verkörperung eines ›dunklen‹ Orpheus zu sein, gehört, dass sie den oft quälenden Prozess des Schreibens akzeptiert: »Oh, wie werde ich mich als Dichterin, zurückgeworfen auf mich selbst, schinden«. Denn das, was aus der Qual geboren ist, wird zur »Quelle meiner Fröhlichkeit«. Die Qual wirkt nicht nur reinigend, sondern birgt in sich einen Neubeginn. »Dieses Stück Schmerz und Schönheit«, das sie »in maschinengeschriebene Wörter« aufs Papier gebracht und »verwandelt« hat, ist ihr Glück und Lebensbestimmung in einem. Aber wie sollen andere verstehen, »dass ich mein Leben rechtfertige, meine starken Gefühle und was ich spüre, indem ich es in Gedrucktes verwandele?«

Immer wieder gibt es im Leben der Autorin Schreibkrisen: Sylvia Plath durchschaut ihr jahrelanges Bestreben als Falle, ihre künstlerische Arbeit an das Profil bestimmter Frauen-Journale anzupassen, um sich erfolgreich vermarkten zu können. »Wieder diese Glätte. Verhindert jede Gefühlsdichte. Offenbar bin ich so überbewusst, was Märkte und Adressen betrifft, an die man etwas schickt, dass ich nichts Ehrliches und wirklich Zufriedenstellendes schreiben kann«. Der Drang zur Wahrhaftigkeit in ihren Texten wird immer stärker, ebenso die Sehnsucht nach Authentizität: »Schreiben um des Schreibens willen, etwas tun, weil man Freude daran hat. Welch ein Geschenk der Götter.«

Eigentlich weiß Sylvia Plath von Anfang an: »Schreiben ist ein religiöser Akt: Man ordnet, formt um, lernt die Menschen und die Welt, wie sie sind und wie sie sein könnten, neu kennen und lieben«. Und auch wenn nichts »uns den Titel Schriftsteller garantieren« kann, so habe es sich eben doch gelohnt, den Mut aufzubringen, dieses »Experiment« zu wagen. Denn »das Schlimmste, schlimmer als alles andere, wäre ein Leben ohne Schreiben.« »Immer halte ich mich daran fest, am Schreiben, drücke es an mich, verteidige, verteidige es.«

Vor den Jahren des »mittleren Alters« graut ihr; nur »durch Arbeit« wird sie diese Zeit überstehen können. »Und diese vorwurfsvollen, nie zufriedenen Götter loswerden, die mich umgeben wie eine Dornenkrone. Und mich selbst vergessen, mich selbst. Werde Medium für die Welt, eine Zunge, eine Stimme. Verlasse das Ego ... Im Morgenlicht ist alles möglich: sogar, eine Göttin zu werden.«

Sylvia Plath selbst bezeichnet ihr Tagebuchschreiben als »eine Litanei der Träume, der Weisungen und der Imperative«. Sie reflektiert nicht nur über ihre Arbeit, sie unterwirft sich auch – und das viel mehr – einer radikalen Selbstbefragung. »Ich werde nicht versuchen, mir zu entkommen«, könnte Motto all ihrer Tagebücher sein. Mit oft klinischer Distanz weiß sie während des Schreibens, wie es um sie steht. »Ich kämpfe gegen Depressionen an und kämpfe immer noch. Es ist, als würde mein Leben auf magische Weise durch zwei elektrische Ströme angetrieben: einen fröhlich positiven und einen verzweifelt negativen – der, der gerade dran ist, bestimmt und durchflutet mein Leben.«

Fast täglich muss Sylvia gegen das Gefühl der Wertlosigkeit ankämpfen: »Warum habe ich das Gefühl, ich sollte einen Doktortitel besitzen, ich sei wertlos, hirnlos ohne ihn, wenn ich doch weiß, das, was ich in mir habe, ist die einzige Beglaubigung, die meine Identität braucht.« Mit großer Wucht wird sie von Stimmungsumschwüngen getroffen und zermürbt. Auch wenn Sylvia, wie sie weiß, ihre »Waffen« hat, »und Selbsterkenntnis« ist die »Beste von allen«, zehrt der Kampf, den sie gegen sich selbst führen muss, an ihr. Die junge Frau ist chronisch erschöpft. Bewundernd und manchmal neidisch schaut sie auf ihren Mann: er ist »ein Riese an schöpferischer Kraft, dass es mir schon fast vorkommt, ich hätte ihn erfunden.«

Indem sie ihn aufwertet, wertet sie sich im gleichen Atemzug ab: »Mein Geist produziert keine Ideen mehr, und ich muss meine Themen zusammensuchen wie eine Elster ihr Futter: Überbleibsel und Reste«. Man ist an die Fotos erinnert, auf denen sich Ted Hughes und Sylvia Plath als Dichterpaar in Szene setzen: Er, lässig auf einer Chaiselongue hingestreckt mit Boots an den Füßen, nicht aufblickend, da ernsthaft in ein Buch vertieft; sie, zu ihm gebeugt, ganz Hingabe an den Lesenden. Ein anderes Foto: Er auf einem Sessel im Fokus; sie davor kniend. Er, der ganze Mann; sie, seine ihn bewundernde Frau. Freiwillige Unterwerfungsgesten sind Sylvia nicht fremd. Schnell und oft bezichtigt sie sich der »Faulheit, Angst, Eitelkeit« und der »Unterwürfigkeit«, wie sie ihrem Tagebuch anvertraut.

»Die Tagebücher sind in ebendem Maß spontan, lebendig, eigenwillig«, wie ihre »Erzählungen glatt, konstruiert, konventionell sind«, konstatiert Ulla Hahn. Es finden sich Passagen in den *Journals*, die mit kühnen Metaphern an die Gedichte heranreichen, andere bestechen durch eine präzise, unaufgeregte Beobachtung, und doch sind für den Leser die am erstaunlichsten, die der Selbsterkundung einer Frau dienen. »Zum Teil bin ich Mann, und ich betrachte die Brüste und die Schenkel einer Frau taxierend wie ein Mann, der sich eine Geliebte wählt … doch ist das die Künstlerin und die analytische Haltung dem weiblichen Körper gegenüber«.

Sylvia Plath bedenkt ihre Rolle als Frau und Mutter: »Irgendwann gewöhne ich mich wahrscheinlich an den Gedanken von Heiraten und Kinderkriegen. Hoffentlich zerstört es nicht meine Lust, mich in einer sinnlich auftrumpfenden Vieldeutigkeit auszudrücken.« Sie fragt sich, ob es ihr gelänge, Familie und Arbeit zu vereinen. »Würde eine Ehe meine kreative Energie dämpfen und meinen Wunsch, mich schreibend und zeichnend darzustellen, auslöschen«? Oder gelänge es ihr als verheirateter Frau und Mutter, »mich intensiver auszudrücken in der Kunst und auch im Hervorbringen von Kindern … Bin ich so stark, dass ich in beidem gut sein kann?«

Bis zum neunzehnten Lebensjahr hat Sylvia geschwankt, ob sie Malerin oder Autorin werden soll. Einige ihrer Bücher enthalten Zeichnungen, die sie auf Reisen angefertigt hat, andere illustrieren ihre Erzählungen. Die interessantesten Arbeiten aber sind nur wenig bekannt. Es sind Collagen, die eine große Farbigkeit aufweisen wie ein Matisse und die der Pop-Art nahestehen. Besonders die Collagen-Selbstbildnisse sind raffiniert und schön. Sie setzen die Selbstanalyse der Eintragungen im Tagebuch fort und zeigen das Zersplitterte ihrer weiblichen Identität, welches sie als Künstlerin in der Lage ist, zu einem Bild zu einigen. Daneben hat sich Plath auch gesellschaftskritischen Themen zugewandt, die Rolle der Hausfrau ironisch beleuchtet wie auf *Are you always working* und politische Bilder geschaffen wie *The Nixon-Triptych*.

Je länger die Ehe mit Ted Hughes besteht, und jeder Tag ist eine Herausforderung für beide Partner, desto stärker wird Sylvias Kinderwunsch. Im Sommer 1958 notiert sie: »Ich habe mich sogar nach dieser grässlichsten Zerreißprobe Nummer eins für jede Frau gesehnt: ein Kind zu bekommen – um meinen fordernden Dämonen zu entgehen und andauernd eine Ausrede dafür zu haben, dass ich schreibend zu wenig produziere. Zuerst muss ich das Schreiben und diese Erfahrung meistern, dann habe ich es verdient, eine Geburt zu meistern.«

Ein Jahr später, am 20. Juni 1959, notiert sie: »Alles ist unfruchtbar geworden. Ich gehöre zur Asche der Welt, da wächst nichts mehr, blüht nichts mehr, trägt nichts mehr Früchte. In der entzückenden Sprache des 20. Jahrhunderts kann ich nicht ovulieren«. Dabei will Sylvia nur eines: »Mit dem einzig richtigen Mann auf der Welt« Kinder bekommen, »möglichst bis ich in die Wechseljahre käme«. Sylvia »will ein Haus voller Kinder, kleiner Tiere, Blumen, Gemüse, Früchte. Ich will im tiefsten und vollsten Sinne Erdmutter sein. Von der Intellektuellen, der Karrierefrau hab ich mich abgewandt: All das ist Asche für mich.«

Sylvias Selbstverständnis als Frau ist erschüttert: »Wenn ich keine Kinder bekommen könnte, dann wäre ich tot.

Tot, was meinen Frauenkörper angeht. Der Geschlechtsverkehr wäre tot, eine Sackgasse. Meine Lust keine Lust, sondern Hohn. Mein Schreiben ein hohler und ärmlicher Ersatz für wirkliches Leben, wirkliches Empfinden, anstatt ein wohltuendes Extra, ein blühender und Früchte tragender Überfluss. Ted müsste der Patriarch sein und ich *die* Mutter.«

Gefangen in den konventionellen Gefühlen ihrer Zeit, von denen sie sich loslösen möchte, klagt sie sich an: »Wie kann ich zulassen, dass Ted an eine unfruchtbare Frau gekettet ist? Unfruchtbar, unfruchtbar«. Wem soll er nun seine Kinderbücher widmen, fragt sie sich verzweifelt. Auch als sie einen Monat später schwanger wird, ihr drängendster Wunsch in Erfüllung geht, verlassen ihre Dämonen sie nicht. Sie hat schreckliche Alpträume, ja »Visionen«, von zu früh geborenen, entstellten Babys, die sie zur Welt bringt. In diesen Träumen weigern sich sogar die Krankenschwestern auf der Entbindungsstation, ihr das Neugeborene zu zeigen, weil es »monströs« aussieht.

Doch am 30. September 1959 dann diese Eintragung: »Als ich an diesem Morgen im dunklen feuchten Schlafzimmer aufgewacht bin, hörte ich den Regen von allen Seiten trommeln, und da schien es mir, als sei ich geheilt.«

Am 1. April 1960 kommt Frieda Rebecca zur Welt. Von dieser Zeit erfahren wir nichts mehr, die Tagebücher enden im November 1959, die folgenden sind vernichtet. Aber es bleiben dem Leser die Briefe, die Gedichte und das erstaunliche Hörspiel *Drei Frauen*, das zum ersten Mal in der Literatur die Wehen, die Geburt und das Verhältnis einer Mutter zu ihrem Neugeborenen thematisiert.

Da Sylvia Plath alles intensiv empfindet, ist es nicht erstaunlich, welch starken Einfluss die Mutterschaft auf ihr Schreiben hat. Mit einem Mal steht da eine Frau mit einer neuen weiblichen Identität; eine Frau, die sich unabhängig macht vom Einfluss und Urteil des Mannes. Was sie nun auch schreiben mag, es sind *ihre* Schöpfungen. Drei Zeilen genügen der Dichterin, um ihrem Kind zum ersten Geburtstag in *Du bist* von seiner Zeit im Mutterleib zu erzählen, nach der Zeugung bis zur Geburt: »Stumm wie eine Rübe vom 4. Juli / Bis zum 1. April, mein aufgehendes / Kleines Brot.« Das Eingangsgedicht *Morgenlied*, das die *Ariel*-Sammlung eröffnet, ist das schönste und vollkommenste Gedicht von Sylvia Plath. In ihm zeichnet sie das Urbild der Menschheit und der Menschlichkeit: eine stillende Wöchnerin im Morgengrauen, die das neue Leben und den neuen Tag begrüßt.

Ein Schrei, und ich stolpere auf vom Bett, kuhschwer
und blumig
In meinem viktorianischen Nachthemd.
Dein Mund geht auf, rein wie der einer Katze.
Das Fensterviereck

Wird weißlich und schluckt seine trüben Sterne.
Und nun probst du
Deine Handvoll Noten;
Die klaren Vokale steigen wie Ballons.

Leider bleibt die Lektüre der *Journals* unbefriedigend, und das nicht allein deshalb, weil von der Herausgeberin Frances McCullough nur ein Drittel des am Smith

College in Northampton lagernden Materials ediert werden durfte, sondern auch, weil die häufigen Auslassungen den Eindruck machen, gerade das Wichtigste sei von Ted Hughes getilgt worden. Stärker noch als bei der Briefedition, weiß man hier nicht, wie groß das Ausmaß der Auslassungen ist. Ein Beispiel von Ulla Hahn dazu: »Dem Leser wird erlaubt zu erfahren, dass Sylvia Plath Hughes in die Wange biss. Weggestrichen ist, dass er ihr zuvor das Haarband und die Ohrringe vom Kopf gerissen hatte. Seine Aggression wird gestrichen, Plath hingegen steht da als Mänade im ›college look‹.«

Vielleicht hat die rabiate Art, in der Ted Hughes mit den Tagebüchern seiner Frau umgeht, nicht allein mit Selbstschutz zu tun, sondern mit dem großen Einfluss seiner Schwester Olwyn auf ihn. Sie urteilt die Tagebücher ihrer Schwägerin ab als »meistens von ihren inneren psychischen Zuständen besessen – persönliche Anmerkungen, Qualen, Aufzeichnungen von Träumen, Selbstzweifel. Es ist schwer vorstellbar, wie solch subjektive Dokumente einem Biografen viel nutzen können – außer, dass sie ihren inneren Aufruhr bestätigen.«

Was die Geschwister Hughes dem Leser aber genommen haben, ist ein einzigartiger Einblick in die Schreibwerkstatt einer Autorin, denn darüber hätten ihre Tagebücher Auskunft geben können. Um die Gefühle seiner Kinder zu schonen, hat Ted Hughes gerade die Aufzeichnungen vernichtet, die die produktivste Zeit der Arbeit an der *Glasglocke*, der *Ariel*-Sammlung und den letzten Gedichten beleuchtet hätten.

Stimmen

Das Tagebuch begann, eine belebende, lebenswichtige Bedeutung zu haben, die nichts mit Literatur zu tun hatte. Es wurde nicht nur ein ständiger Begleiter [...] sondern auch eine Quelle der Berührung mit mir selbst. Es war ein Ort, an dem ich die Wahrheit aussprechen konnte, und wo ich das Gefühl hatte, von niemandem beobachtet zu werden.

Anaïs Nin

Warum lesen wir das Journal eines Schriftstellers? Weil es zum Verständnis seiner Bücher beiträgt? Häufig ist das nicht der Fall. Wahrscheinlicher ist, dass wir es einfach um jenes Rohzustandes willen lesen, der selbst dann die Form des Tagebuchs prägt, wenn es im Gedanken an eine spätere Veröffentlichung geschrieben wurde. Hier tritt der Schriftsteller in der ersten Person auf; hier begegnen wir unmittelbar dem Ich, das sich in den Werken des Autors hinter den Masken des Ichs verbirgt.

Susan Sontag, 1963

An meinen Haarwurzeln kriegte mich irgendein Gott zu packen
Die Elektroschocktherapie

Als Sylvia Plath im Sommer 1953 von New York nach Hause zurückkommt, ist sie sehr angespannt. Während der vier Wochen, die sie als Gastredakteurin von *Mademoiselle*, der *Zeitschrift für schicke, junge Frauen*, gearbeitet hat, sind viele Dinge passiert, die sie nicht einordnen kann. In einen besonderen inneren Aufruhr hat sie die Hinrichtung des jüdischen Ehepaars Rosenberg versetzt, denen Rüstungsspionage für die Sowjetunion vorgeworfen wurde. Am 19. Juni, dem Tag der Vollstreckung, ist sie nicht fähig gewesen, ihre Gedanken auf etwas anderes zu lenken als auf »die schockierenden körperlichen Tatsachen dieses Todes, den Schrei, den Rauch«. Die grausamen Bilder haben sich in ihr Bewusstsein gebrannt, während sie um sich herum nur eine große Gleichgültigkeit unter den Menschen feststellte.

Wieder zu Hause, bekennt sie ihrem Bruder: »Ich war sehr ekstatisch, schrecklich deprimiert, schockiert, begeistert, erleuchtet und entnervt«. Was als Auszeichnung gedacht war, als eine Zeit privilegierten Arbeitens und Lebens in der Sylvia noch unbekannten Großstadt, endet in körperlicher und seelischer Erschöpfung.

Umso stärker hegt Sylvia die Hoffnung, nach ihrem Aufenthalt in New York einen der Harvard-Sommerkurse von Frank O'Connor besuchen zu können, dessen Creative-Writing-Kurse begehrt und mit beträchtlichem Prestige verbunden sind. Die Absage, die Aurelia ihr »so beiläufig wie möglich« bei ihrer Ankunft in Wellesley beibringt, trifft Sylvia wie ein Schlag. »Im Rückspiegel konnte ich sehen, wie Sylvia bei diesen Worten weiß wurde; Schock und äußerste Verzweiflung zeichneten sich darauf ab«, erinnert sich die Mutter.

Sylvia wird also den Sommer im Elternhaus verbringen, in dem kleinen Haus, das aus Kostengründen gemeinsam mit den Großeltern bewohnt wird. Sie wird wieder das Zimmer mit ihrer Mutter teilen müssen, wie sie es seit dem zehnten Lebensjahr tat, und abhängig sein von Aurelias Tagesablauf. In der *Glasglocke* schildert Esther Greenwood ihr Erwachen neben dem Bett der Mutter. »Bläuliche Helligkeit erfüllte das Zimmer, und ich fragte mich, wo die Nacht geblieben war. Aus einem nebelhaften Klotz verwandelte sich meine Mutter in eine schlummernde Frau mittleren Alters, mit leicht geöffnetem Mund, aus dem ein Schnarchen hervordrang«. Die »Schweinelaute« reizen Esther zu Mordfantasien, in denen sie »die Haut- und Sehnensäule mit beiden Händen packte und so lange drückte, bis alles still war.«

Schon einen Moment nach der schlechten Nachricht ist Sylvia die ersehnte Heimkehr wie vergiftet. Vor ihren Augen steht ein Sommer ohne Erfüllung, ausgeliefert der familiären Nähe und den eigenen Stimmen, die sie unentwegt herabsetzten und eine Bestrafung fordern.

Am 14. Juli trägt Sylvia in ihr Tagebuch ein: »Hör auf,

egoistisch an Rasierklingen und Selbstverwundung und Wegrennen und alles aufhören zu denken. Dein Zimmer ist nicht dein Gefängnis. Du bist es.«

Kurz darauf entdeckt Aurelia an den Beinen ihrer Tochter »kaum verheilte, tiefe Schnittwunden«. »Ich wollte nur einmal sehen, ob ich den Mumm dazu habe«, erklärt Sylvia der fassungslosen Mutter und spricht von ihrem Wunsch, gemeinsam mit ihr zu sterben. Die zu Rate gezogene Hausärztin überweist die Patientin an einen Psychiater, der nach einem Gespräch Elektroschocks empfiehlt.

Ohne eine zweite Meinung einzuholen, wird die Therapie ambulant vorgenommen. Sylvia erleidet schreckliche Schmerzen an den Schläfen, die künstlich ausgelösten Krämpfe helfen weder gegen die Depressionen noch gegen die Angst. »Bei jedem Blitz durchfuhr mich ein gewaltiger Ruck, bis ich glaubte, mir würden die Knochen brechen und das Mark würde mir herausgequetscht wie aus einer zerfasernden Pflanze.«

Da ihre Panik vor den Elektroschocks immer heftiger wird, gibt Sylvia vor, die Therapie helfe ihr, nur damit die Tortur endlich beendet wird. Die Leidende befindet sich in einem tiefen Dilemma, über das sie in einem Brief an einen Freund Auskunft gibt. »Bald schon hatte ich nur noch eine Frage im Kopf: wann genau und wie ich Selbstmord machen sollte. Die einzige Alternative, die ich sehen konnte, war die Irrenanstalt – unendliche Hölle für den Rest meines Lebens –, und so wollte ich von dem letzten Stückchen meines freien Willens Gebrauch machen und ein schnelles sauberes Ende wählen. Auf Dauer gesehen, fand ich, war das für meine Familie gnädiger und billiger; statt ihnen die unabsehbar lange, teure Einkerkerung der Lieblingstochter in die Zelle eines staatlichen Irrenhauses zuzumuten.«

Tatsächlich ist die Familie Plath, trotz schlechter Erfahrungen nach der Erkrankung von Otto Plath, noch immer nicht krankenversichert; es fehlte das Geld, und so fehlt es jetzt auch für die teure Behandlung von Sylvia. Der Gedanke quält Sylvia, dass nicht sie allein durch die Hölle geht, sondern ihre Familie mit ihr. Die Erwartung dieser Menschen auf eine baldige Genesung will sie auf keinen Fall enttäuschen und weiß doch, dass sie weit davon entfernt ist, an einem »normalen« Leben teilnehmen zu können.

Hat Sylvia in der Vergangenheit immer die an sie gestellten Anforderungen erfüllt, sogar Auszeichnungen erworben für ihre besonderen Leistungen, so bewegt sie sich jetzt in einem Raum, der sie von der Normalität trennt. Das quält sie ungeheuer, sie kann sich ihr Versagen nicht verzeihen. Wie ihre Figuren Mrs. Greenwood und Mr. Willard in der *Glasglocke* glaubt sie, dass »jede Krankheit eine Krankheit der Willenskraft« ist. Noch hat Sylvia keine ausgeprägte Künstleridentität, die sie als Gegengewicht in die Waagschale werfen, die ihr einen anderen, freieren Raum eröffnen könnte.

Am 24. August ist ihr Entschluss gefasst, den sie später »meine letzte Liebestat« nennt: Sie bricht das Sicherheitsschloss einer Metallkassette auf, in der sich ein hochdosiertes Schlafmittel befindet, das ein neuer Arzt ihr verschrieben hat. Mit den Tabletten und einem Wasserkanister zieht sie sich in den Verschlag unter die Treppe ihres Elternhauses zurück. Dort verbringt sie länger als zwei Tage im Koma, bis sie gefunden wird.

»Mehr tot als lebendig« wird die Zwanzigjährige von einer Krankenschwester der städtischen Klinik in Empfang genommen, dann in eine psychiatrische Abteilung in Boston überstellt, die, ohne eine Psychose oder Schizophrenie diagnostiziert zu haben, eine Insulinschockbehandlung einleitet. Als Sylvia Mitte Oktober mit finanzieller Unterstützung ihrer Gönnerin Olive Prouty in ein Privatsanatorium wechseln kann, ist sie nicht mehr fähig, Buchstaben zu erkennen, geschweige denn zu schreiben. Durch den Langmut ihres Englischlehrers von der Highschool, der sie regelmäßig besucht, erwirbt sie die Fähigkeit langsam wieder.

Sylvia Plath hat panische Angst vor einer weiteren Fortsetzung der Elektroschockbehandlung. Nachdem sie aber der behandelnden Ärztin Ruth Beuscher mehr und mehr vertraut, sich zwischen Patientin und Ärztin eine fast freundschaftliche Beziehung entwickelt, lässt Sylvia sich auf den ›Teufelspakt‹ ein.

Als dann von Dr. Beuscher noch zusätzlich die Insulinschocktherapie verordnet wird – damals eine übliche Kombinationstherapie –, verändert sich zudem auch Sylvias Körpererscheinung. »Sie war in dem Alptraum ihres Körpers gefangen, ohne Verstand, ohne irgend etwas, nur das seelenlose Fleisch, das vom Insulin immer fetter und mit der verblassenden Bräune immer gelber wurde«, heißt es in der Erzählung *Zungen aus Stein*.

In vielen Biografien über Plath ist zu lesen, dass die Elektroschocktherapie unter Dr. Beuscher nun »richtig« durchgeführt wurde, im Gegensatz zur ersten ambulanten. Linda Wagner-Martin spricht sogar davon, dass

»Beuscher und ihre Behandlung ein Wunder bewirkt« hätten. Als Beweis führt sie an, Sylvia habe schon im Februar zurück ans College gehen können und in allen drei Seminaren ihre »üblichen A's« erbracht.

Anne Stevenson, unter dem Diktat der Familie Hughes, muss eine wirkliche Heilung bezweifeln, um die lange Vorgeschichte »der Geisteskrankheit« bei Sylvia Plath festzuschreiben, die Ted Hughes nach dem Tod seiner Frau vor Gericht zu Protokoll gibt. Stevenson zieht sogar in Erwägung, ob die Therapie »zu einer permanenten Veränderung« von Sylvias »Persönlichkeit führte; möglich ist auch, dass sie so etwas wie eine psychologische ›Haut‹ verlor, deren Verlust sie kaum verkraften konnte«. Um Sylvias Sensibilität abzuwerten, unterstellt Stevenson ihr eine Art Paranoia: Plath habe in der Welt »eine gefährliche Feindseligkeit« gesehen, »die sich besonders gegen sie« richte. In diesem Zusammenhang urteilt die Biografin sogar über Sylvias Dichtung: »Über die verschlungenen Varianten ihres persönlichen Mythos hinaus wusste Sylvia kaum, worüber sie schreiben sollte.«

Woher die Biografen diese Informationen haben, bleibt ein Rätsel. Denn Sylvia erlebt bei allen Behandlungen, ob sie nun angeblich »schlecht« oder »richtig« gehandhabt wurden, schreckliche Nebenwirkungen. »An meinen Haarwurzeln kriegte mich irgendein Gott zu packen. / Ich zischte in seinen blauen Stromstößen«, beschreibt sie im Juni 1960 die Tortur in *Der Erhängte*.

Ted Hughes widmet in *Birthday Letters* der Elektroschocktherapie ein ganzes Gedicht. In *Die empfindliche Stelle* schreibt er: »Jemand verkabelte dich. / Jemand legte den Hebel um. Sie jagten / Einen Blitz in deinen Schädel /

In ihren bleichen Kitteln, mit blassen Gesichtern, / Schlichen sie um dich herum, / Um zu sehen, wie es dir in deinen Gurten erging. / Ob deine Zähne noch heil waren.« Weiter heißt es: »Du / Warst eine Wolke aus Entsetzen / Wartetest auf diese Blitze.« Dann fragt er: »Wie viele Attacken / dieses knechtenden Gottes, der dich / An den Haarwurzeln packte, erduldetest Du?« Am Ende stellt er fest, dass »Die Karte deines Gehirns noch immer dunkel gefleckt« ist.

Die empfindliche Stelle ergreift ganz Partei für die Patientin und zeigt das tiefe Misstrauen des Autors gegenüber den Errungenschaften einer modernen zivilisierten Gesellschaft, in der die Technik über den Mythos gestellt und nicht mehr an die Kraft des Erzählens geglaubt wird, nicht an die Kraft des Wortes. Es sind immer die Worte gewesen, die Sylvias Verortung in der Welt gesichert haben, und da diese Medizin keine Worte kennt, kann sie nicht heilen.

Der amerikanische Aktivist und Autor Leonard Roy Frank, der gezwungen wurde, fünfzig Kombinationsbehandlungen über sich ergehen zu lassen, beschreibt die Behandlung als »die verheerendste, schmerzhafteste und demütigendste Erfahrung meines Lebens«, als eine »Gräueltat« und eine Verletzung der Menschenrechte. Tatsächlich waren sich viele Ärzte darüber im Klaren, dass die künstlich erzeugten Krampfanfälle im Gehirn einige Areale unwiederbringlich zerstörten, rebellische Patienten sich aber nach einer Behandlung stärker anpassten und dadurch einfacher zu handhaben waren. Diese Praktiken der modernen Psychiatrie zur Unterwerfung des Individuums klagt der amerikanische Schriftsteller Ken

Kesey in seinem Roman *Einer flog über das Kuckucksnest* an, der 1962 erschien und ein Bestseller wurde.

Wie viele Therapieeinheiten Sylvia Plath erhielt, ist nicht bekannt, auch nicht, wie lange das künstliche Koma andauerte, in das sie jeden Tag durch eine Überdosis Insulin versetzt wurde, wodurch sie einen gefährlichen Abfall des Blutzuckers erlitt. In den Fünfzigerjahren war es üblich, diese Therapie sechs Mal die Woche über zwei Monate hin durchzuführen, das Koma selbst sollte eine Stunde anhalten, bevor Glucose zugeführt wurde und der Patient aus dem Koma aufwachte, wobei er später noch oft ein ›Nachbeben‹ weiterer Gehirnkrämpfe erlebte. Man benötigte für diese Therapie eigens ausgebildetes Personal, weil im Zusammenhang mit der Behandlung das Risiko einer schweren Hirnschädigung oder sogar des Todes bestand.

Sylvia Plath wird nach der halbjährigen stationären Behandlung als ›geheilt‹ entlassen. Aber die Angst vor einer Therapie mit Elektroschocks bleibt bis zu ihrer letzten Krise bestehen und, schlimmer noch, die tiefe Verunsicherung, sich selbst nicht beschützen zu können. Zerstört ist das Vertrauen in die Übereinstimmung von Körper und Geist, für Sylvia eine nicht hinnehmbare Kränkung. Als Plath 1963 in den Tod geht, hat sie zahlreiche gescheiterte Selbstheilungs- und Selbstmordversuche hinter sich. Das Versprechen von Dr. Horder, für sie einen Platz in einer renommierten Psychiatrie zu finden, ist für sie keine Option mehr.

Nicht allein der erlittene Schmerz hält sie davon ab, sich nach zehn Jahren noch einmal in die Obhut einer Psychiatrie zu begeben. Viel mehr steht auf dem Spiel:

Sie weiß, dass an diesem Ort das Werk der Zerstörung weitergeführt und sie Zug um Zug ihrer Identität beraubt würde. Elektro- und Insulinschocks haben das Gegenteil einer Heilung gebracht: Sie haben Sylvia Plath zur Zeugin ihrer eigenen Zerstörung gemacht. Ihr vor Augen gehalten, dass ihre eigenen Fähigkeiten nicht ausreichen, ein angstfreies, selbstbestimmtes Leben zu führen. Die Therapie hat Sylvias Rolle als ewig Hilfs- und Behandlungsbedürftige festgeschrieben; dieser Bestimmung ist sie durch den selbst gewählten Tod entronnen.

Stimmen

Dass wir womöglich ein Übel selbst wählen, ist die einzige Verteidigung gegen dieses Übel … Im Vorteil sind die Menschen, die ihrer Anlage nach zu leiden wissen in ungestümer und totalitärer Art: so entwaffnet man das Leiden, macht aus ihm unsere Schöpfung, Wahl, Resignation. Rechtfertigung des Selbstmords.

Cesare Pavese, Tagebuch 1938

Schlusswort

Dass sie tot sein sollte, schien mir unmöglich.

Noch jetzt kann ich es kaum glauben. Es war zu viel Leben in ihrem großen, flachen, starkknochigen Körper und in ihrem länglichen Gesicht mit den prächtigen braunen Augen voller Schalkhaftigkeit und Mitgefühl. Sie war tüchtig und freimütig, leidenschaftlich und teilnahmsvoll. Ich glaube, sie war ein Genie. Manchmal ertappe ich mich bei der kindlichen Vorstellung, ich könne ihr plötzlich beim Spaziergang auf dem Primrose Hill oder der Heath begegnen, und wir würden unser Gespräch da wieder aufnehmen, wo wir es unterbrochen hatten. Doch vielleicht kommt es nur daher, dass ihre Gedichte noch so deutlich von ihrer Art sprechen: rasch, sarkastisch, überraschend, mühelos erfinderisch, ein wenig zornig und immer ganz sie selbst.

Alfred Alvarez, 1971

Zeittafel

27. Oktober 1932 Sylvia Plath wird in Jamaica Plain, Massachusetts geboren. Vater Otto Plath (1885–1940) arbeitet als Professor für Biologie und Deutsch an der Boston University, sein Spezialgebiet als Insektenkundler sind Honigbienen. Mutter Aurelia, geborene Schober (1906–1994), ist seit ihrer Heirat im Jahr 1932 Hausfrau und wissenschaftliche Mitarbeiterin ihres Mannes. Vor der Heirat war sie Deutsch- und Englischlehrerin an einem College in Boston. Bruder Warren Joseph (1935–2021).

1937 Umzug der Familie nach Winthrop, Massachusetts

1940 Otto Plath stirbt nach einer Beinamputation, die durch schwere, nicht behandelte Diabetes nötig geworden ist.

1942 Aurelia Schober Plath übersiedelt mit ihren Eltern und Kindern nach Wellesley, Massachusetts, wo sie ein Haus erworben hat. Mutter und Tochter teilen sich aus Platzgründen ein Zimmer.

1950 Sylvia beginnt ihr Studium mit einem Begabtenstipendium am Smith College in Northampton, Massachusetts.

1952 Im August wird Sylvias preisgekrönte Erzählung *Sonntags bei den Mintons* in der Zeitschrift *Mademoiselle* veröffentlicht.

1953 Den gesamten Juni verbringt Sylvia als Gastredakteurin der Frauenzeitschrift *Mademoiselle* in New York. Wieder zu Hause, leidet sie unter suizidalen Depressionen, eine ambulante Elektroschocktherapie wird eingeleitet. Am 24. August begeht sie einen Suizidversuch im Haus ihrer Familie. Aufenthalte in psychiatrischen Abteilungen, Behandlung mit Elektro- und Insulinschocktherapie durch die Psychiaterin Dr. Ruth Beuscher.

1954 Im Februar kehrt sie zurück an das Smith College ins 2. Semester; im Sommer besucht sie die Harvard Summer School.

1955 Im Mai erringt sie den Hochschulabschluss mit dem Prädikat ›summa cum laude‹. Im Oktober beginnt ihr Fulbright-Jahr am Newnham College der Universität Cambridge.

1956 Am 25. Februar lernt Sylvia auf einer Party in Cambridge Ted Hughes kennen. Im April bereist sie Deutschland, das Heimatland ihres Vaters, und Italien. Am 16. Juni heiratet sie Ted Hughes und verbringt mit ihm die Flitterwochen in Spanien.

1956–57 Sylvia macht ihr Abschlussexamen für den Bachelor of Arts, sie erhält das zweite Auslandsstipendium und lebt weiterhin in Cambridge.

1957 Im Juni kehrt sie zusammen mit Ted Hughes in die USA zurück; das Paar macht Ferien auf Cape Cod, Massachusetts.

1957–58 Sylvia lehrt Englisch am Smith College.

1958 Sylvia arbeitet als Sekretärin am Massachusetts General Hospital; zu ihren Aufgaben gehört, die Träume von psychisch Kranken zu dokumentieren. Sie nimmt die Behandlung bei Dr. Beuscher wieder auf und besucht als Gasthörerin das Lyrikseminar von Robert Lowell.

1959 Im Sommer unternimmt das Ehepaar Hughes eine Reise durch Amerika. Im Herbst wird Sylvia ein zweimonatiger Aufenthalt in der Schriftstellerkolonie Yaddo in Saratoga Springs, New York, gewährt, wo sie intensiv an neuen Gedichten arbeitet. Im Dezember verlässt das Paar die USA und geht nach England zurück.

1960 Am 1. April wird die Tochter Frieda Rebecca zu Hause in

London geboren. Im Oktober erscheint Sylvias erster Gedichtband unter dem Titel *The Colossus* in London.

1961 Im Februar erleidet Sylvia eine Fehlgeburt, im März muss sie sich einer Blinddarmoperation unterziehen. Sie beendet ihren Roman *Die Glasglocke.* Im Sommer zieht die Familie in die Grafschaft Devon um.

1962 Am 17. Februar wird der Sohn Nicholas Farrar geboren. Er wird 2009 seinem Leben durch Erhängen ein Ende setzen. Im Mai erscheint in den USA *The Colossus and other Poems.* Im Oktober verlässt Ted Hughes seine Familie endgültig. Im Dezember zieht Sylvia mit ihren zwei kleinen Kindern nach London. Zum Jahreswechsel herrscht einer der kältesten Winter in England, der als »The Big Freeze« in die Geschichte eingeht.

1963 Im Januar erscheint Sylvias Roman *Die Glasglocke* unter dem Pseudonym Victoria Lucas. Der Alltag in der Fitzroy Road 23 ohne Zentralheizung wird immer aufreibender; Sylvia und die Kinder leiden unter schweren grippalen Infekten. Am 11. Februar geht Sylvia in den selbstgewählten Tod.

1982 Posthum erhält Sylvia Plath für ihr lyrisches Gesamtwerk den *Pulitzer-Preis.*

Literaturverzeichnis

Es werden nur Werke genannt, die für das Thema des Buches wichtig sind. Angeführt wird Sekundärliteratur, aus der zitiert wurde oder auf deren Darstellung es sich stützt. Es gibt keine Vollständigkeit der Nachweise, mit Rücksicht auf den ansonsten zu großen Umfang. Werke, Briefe und Tagebücher sind in den verwendeten Ausgaben angegeben.

Plath, Sylvia: *Ariel. Gedichte. Englisch und deutsch.* Übersetzung von Erich Fried. Frankfurt am Main, Suhrkamp Verlag, 1974.

Plath, Sylvia: *Ariel. Gedichte. Englisch und deutsch.* Übertragung und Nachwort von Alissa Walser. Mit einem Vorwort von Frieda Hughes. Frankfurt am Main, Suhrkamp Verlag, 2008.

Plath, Sylvia: *The Collected Poems.* Herausgegeben von Ted Hughes. Perennial, 1981.

Plath, Sylvia: *Liebesgedichte.* Aus dem Englischen, ausgewählt und einem Nachwort von Jutta Kaußen. Frankfurt am Main, Insel Verlag, 2009.

Plath, Sylvia: *Übers Wasser.* Nachgelassene Gedichte. Zweisprachig. Aus dem Amerikanischen von Judith Zander. Wiesbaden, Luxbooks, 2013.

Plath, Sylvia: *Die Glasglocke.* Aus dem amerikanischen Englisch von Reinhard Kaiser. Mit einem Vorwort von Alissa Walser. Frankfurt am Main, Suhrkamp Verlag, 2013.

Plath, Sylvia: *Zungen aus Stein.* Erzählungen. Aus dem Amerikanischen von Julia Bachstein und Susanne Levin. Frankfurt am Main, Fischer Verlag, 1991.

Plath, Sylvia: *Drei Frauen: ein Gedicht für drei Stimmen.* Aus dem Englischen von Friederike Roth. Frankfurt am Main, Fischer Taschenbuchverlag, 1994.

Plath, Sylvia: *Briefe nach Hause 1950–1963.* Ausgewählt und herausgegeben von Aurelia Schober Plath, ins Deutsche übertragen von Iris Wagner. Mit einem Nachwort von Gabriele Wohmann. Frankfurt am Main, Berlin, Wien, Ullstein, 1981.

Plath, Sylvia: *Die Tagebücher.* Herausgegeben von Frances McCullough, mit einem Vorwort von Ted Hughes. Deutsch von Alissa Walser. Frankfurt am Main, Frankfurter Verlagsanstalt, 1997.

Hughes, Ted: *Der Tiger tötet nicht.* Ausgewählte Gedichte. Englisch und deutsch. Übersetzt von Jutta Kaußen und Wolfgang Kaußen. Frankfurt am Main, Leipzig, Insel Verlag, 1998.

Hughes, Ted: *Birthday Letters.* Übersetzt von Andrea Paluch und Robert Habeck. Frankfurt am Main, Frankfurter Verlagsanstalt, 1998.

Hughes, Ted: *Wie Dichtung entsteht. Essays.* Übersetzt von Jutta Kaußen, Wolfgang Kaußen und Claas Kazzer. Frankfurt am Main, Leipzig, Insel Verlag, 2001.

Stevenson, Anne: *Sylvia Plath. Eine Biographie.* Aus dem Englischen von Manfred Ohl und Hans Sartorius. Frankfurt am Main, Fischer Taschenbuchverlag, 1994.

Wagner-Martin, Linda: *Sylvia Plath. Eine Biographie.* Ins Deutsche übertragen von Sabine Techel. Frankfurt am Main, Insel Verlag, 1990.

Hayman, Ronald: *Sylvia Plath. Liebe, Traum und Tod.* Aus dem Englischen übersetzt von Bernd Lenz. München, Wilhelm Heyne Verlag, 1992.

Malcolm, Janet: *Die schweigende Frau. Die Biographien der Sylvia Plath*. Hamburg, Kellner, 1994.

Middlebrook, Diane: *Du wolltest deine Sterne – Sylvia Plath und Ted Hughes*. Biografie. Gräfelfing, Hamburg, Edition Fünf, 2013.

Alvarez, Alfred: *Der grausame Gott. Eine Studie über den Selbstmord*. Übertragen von Maria Dessauer. Hamburg, Hoffmann und Campe, 1974.

Sontag, Susan: *Krankheit als Metapher*. Aus dem Amerikanischen von Katrin Kersten und Caroline Neubaur. Frankfurt am Main, Fischer Taschenbuchverlag, 1981.

Sontag, Susan: *Kunst und Antikunst*. 24 literarische Analysen. Deutsch von Mark W. Rien. Frankfurt am Main, Fischer Taschenbuchverlag, 1982.

Connors, Kathleen; Bayley, Sally: *Eye Rhymes: Sylvia Plath's Art of the Visual*. Oxford, New York, Oxford University Press, 2007.

Hoffman, Eva: *Ankommen in der Fremde. Lost in Translation*. Aus dem Amerikanischen von Gesine Strempel und Helmut Frielinghaus. Frankfurt am Main, Fischer Taschenbuchverlag, 1995.

Simone Frieling
Ich schreibe, also bin ich

blue notes 83, 144 Seiten
Abb., Halbleinen, Fadenheftung
ISBN 978-3-86915-185-4

Anhand von Romanen, Briefen, Tagebüchern und Gedichten großer Schriftstellerinnen von Hannah Arendt bis Virginia Woolf zeigt Simone Frieling in ihren Porträts das Spannungsfeld, in dem sich weibliche Kreativität stets bewegt: Ob am Küchentisch wie Sylvia Plath, in der Zelle wie Rosa Luxemburg oder auf dem zugigen Dachboden wie Marina Zwetajewa – überall hier haben Frauen geschrieben und überall hier ist Weltliteratur entstanden, gegen alle Widrigkeiten der Welt.